U0583298

本书是国家社会科学基金一般项目“妥善化解历史遗留问题的宅基地‘三权分置’有效实现形式研究”（23BJL005）的阶段性成果，同时也是国家社会科学基金一般项目“制度嵌入视角下试点地区农村宅基地制度改革模式的比较研究”（18BJY129）的后续研究成果，得到了后一课题结余经费及单位配套经费的资助

# 农村宅基地制度试点改革案例研究

Case Studies on a New Round of Pilot Reforms of China's Rural Homestead Institution

陈胜祥 ◎ 著

**图书在版编目（CIP）数据**

农村宅基地制度试点改革案例研究 / 陈胜祥著.
北京：经济管理出版社，2024. -- ISBN 978-7-5243
-0026-7

Ⅰ. F321.1

中国国家版本馆 CIP 数据核字第 2024WJ4669 号

组稿编辑：杜　菲
责任编辑：杜　菲
责任印制：许　艳
责任校对：熊兰华

出版发行：经济管理出版社
（北京市海淀区北蜂窝 8 号中雅大厦 A 座 11 层　100038）
网　　址：www. E-mp. com. cn
电　　话：（010）51915602
印　　刷：唐山玺诚印务有限公司
经　　销：新华书店
开　　本：720mm×1000mm/16
印　　张：12. 25
字　　数：188 千字
版　　次：2025 年 1 月第 1 版　　2025 年 1 月第 1 次印刷
书　　号：ISBN 978-7-5243-0026-7
定　　价：88. 00 元

# 前　言

自 2015 年以来，我国相继推动了两轮宅基地制度改革试点。第一轮试点从分类改革演变为“三块地”联动改革，初步探索了宅基地制度改革的模式和路径。2020 年 10 月启动的新一轮试点改革，进一步扩大了试点范围，并将改革任务拓展为“五探索、两完善、两健全”，旨在深入完善宅基地集体所有权行使机制、保障农户资格权、适度放活宅基地使用权和农民房屋财产权、健全收益分配和监管制度，等等。这些改革实践既为全国宅基地制度的进一步优化提供了宝贵经验，也为推动乡村振兴和城乡融合发展奠定了基础。

本书的数据源于两个阶段的田野调查。第一个阶段，2018 年底至 2019 年初，研究团队对 13 个第一轮宅基地制度改革试点县（市、区）中的 50 余个试点村进行了实地调研，收集了大量田野调查笔记和相关资料，完成了全国范围内一般性宅基地制度改革模式和实施路径的分析。第二个阶段，2022 年和 2024 年暑期，研究团队对江西省永丰县这一新一轮试点县中的 5 个试点村庄进行了深入调研，所获数据为本书的案例描述和比较分析提供了关键支撑。

本书基于新经济社会学的制度嵌入理论，结合制度绩效影响（SSP）框架和制度分析与发展（IAD）框架，构建了“状态—结构—嵌入—行动—绩效”（SSEAP）分析框架，以厘清宅基地制度改革案例分析和比较的维度。通过详细描述永丰县 5 个村的典型案例，情景式地展现了这些村庄在推进宅基地制度改革过程中所面临的初始条件、历史遗留问题、采取的改革举措及取得的改革绩效。随后，归纳提炼了 5 个案例共有的关键性宅基地制度改革举措，并在SSEAP 5个维度上对5个案例进行了比较分析。通过这种“理论框架↔案例数据”的反复多层比较，本书揭示了新一轮宅基地制度改革模式的运行机制，并在此基础上进一步拓展和深化了最初所构建的SSEAP模型。

本书研究发现：①在第一轮宅基地制度改革过程中，各试点地区探索出了五大类改革模式，分别为退出整治模式、统筹发展模式、盘活利用模式、移民搬迁模式和集中安居模式。除统筹发展模式外，其他模式主要集中于单一目标的实现；这些单一目标模式虽有一定的局限性，但均探明了实现机制且取得了良好绩效，为新一轮宅基地制度试点改革探索更为综合的目标模式奠定了基础。②在落实中央“五探索、两完善、两健全”的改革任务中，永丰县通过创新宅基地集体所有权行使机制、资格权认定方式、使用权流转机制及其他重要体制机制，逐步形成了适应本地实际的县级制度体系。③在永丰县的改革实践中，5个典型村庄整合居住保障、环境改善、经济发展和社会治理等多重目标，在学习和超越第一轮单目标模式的基础上形成了各具特色的复合式宅基地制度改革模式；该类模式因村制宜，展现出更强的适应性和更强大的作用，为村庄整体发展奠定了坚实基础。④永丰县复合式宅基地制度改革模式成功的关键在于其改革举措与地方资源禀赋及社会人文条件的高度契合，不仅在效率和公平方面取得显著成效，还为其他地区的宅基地制度改革提供了宝贵经验。

永丰县探索出的复合式宅基地制度改革模式展现出良好的适应性与推广价值：①优化中央制度的地方嵌入：政策的有效实施取决于中央制度在地方层面的嵌入式执行；政策制定者应根据当地的资源禀赋、社会结构、文化习惯、土地资源、人口结构、经济水平等因素，提供足够的灵活性，使地方政府能够细化和本地化实施制度，确保改革措施的适应性和执行力。②采取“宅基地制度改革+”多目标引领方式：永丰县的实践证明，“宅基地制度改革+”多目标引领方式在应对复杂现实挑战时具有更强的适应性。其他地区可以借鉴这一模式，将居住保障、环境改善、经济发展和社会治理等多重目标有机结合，推广复合式宅基地制度改革模式。③采取综合性宅基地制度改革举措：永丰县的复合式宅基地制度改革模式在权属观念转变、利用观念转变、行使主体明确、促进三权实现、优化管理方式、落实居住保障、共享收益分配和合理化收益使用8个关键方面均取得显著成效，突破了单一目标下的单维举措限制。④建立反馈与持续改进机制：改革需要动态调整，政策制定者应建立科学的绩效评估和反馈机制，实时监测改革进展，及时优化和修正制度，以提升改革的质量和成效。

在新一轮宅基地制度改革收官之际，本书的研究为未来的宅基地制度改革实践和理论研究做出了以下贡献：①界定了复合式宅基地制度改革模式及其运行机制。认为该模式比传统单一目标模式具有更强的适应性，为未来的宅基地制度改革提供了新的路径。②明确了复合式宅基地制度改革模式的实践推进路径，包括中央制度的地方嵌入、因地制宜的目标设定、多维度的改革举措，以及持续的反馈和改进机制。③发展了制度变革的中层理论。在制度嵌入视角下，结合“状态—结构—绩效”（SSP）和“制度分析与发展”（IAD）框架，提出并拓展了一个分析复合式宅基地制度改革机制的中层理论模型，为相关研究提供了参考和借鉴。

# 目　录

# 第一章
# 导 论

本章是“研究之研究”部分，旨在明确本书研究的问题，主要解答以下三个问题：为何选择这一课题？如何对该问题进行研究？研究该问题有何理论和现实意义？为此，需要分别从研究背景、文献综述、研究目标和意义、调查过程和数据、研究思路和方法、研究创新等方面进行论述或说明。

## 第一节 研究背景

随着中国经济社会的发展，农村宅基地制度经历了相应的变革，这一制度改革的必要性和复杂性逐渐凸显出来。1954 年《中华人民共和国宪法》明确规定，土地及农民房屋为农民私有财产，宅基地这一概念尚未形成。直到 1956 年，《高级农业生产合作社示范章程》首次引入“房屋地基”概念，并明确其不归合作社所有，依旧属于农民的私有财产。1962 年《农村人民公社工作条例（修正草案）》首次正式提出“宅基地”的概念，并规定宅基地归生产队集体所有，而宅基地上的房屋仍属于社员个人。这一“房地分离”的制度安排①同时开启了中国农村宅基地制度“集

① 刘守英．农村宅基地制度的特殊性与出路［J］．国家行政学院学报，2015（3）：18-24，43.

体所有+农户使用”的历史进程。

随着人民公社制度的确立，农民的私有房屋地基被收归集体所有，导致社会不安和各种矛盾的产生。为了安抚民心，1963 年中共中央发布《关于各地对社员宅基地问题作一些补充规定的通知》，明确了宅基地制度的核心内容：“集体所有+农户使用+无偿取得+限制流转+面积管制。”尽管农民的房屋归个人所有，但宅基地的所有权归集体所有，并伴随房屋买卖而转移使用权。这一规定奠定了中国农村宅基地制度的基本框架，并在随后几十年的社会变革中逐步演化。

在改革开放初期，宅基地制度基本上得到了有效贯彻，土地资源利用总体上较为节约和集约。然而，随着农村经济社会的发展，尤其是自 20 世纪 80 年代末以来，宅基地制度开始显现出诸多问题。农民收入的增加导致建房需求大幅度上升，许多农民在新建房屋时并不拆除旧房，反而占用更多的土地建房，导致土地资源的浪费和村庄“空心化”现象的加剧。同时，随着城镇化进程的加快，农村大量人口流出，闲置宅基地和农房的现象越发严重。据统计，2000～2011 年，中国农村人口减少了 1.33 亿，但农村居民点用地却增加了 203 万公顷①。更有研究显示，2018 年，中国部分村庄宅基地空置率高达 71.5%②，全国有多达 7000 万套农村房屋闲置③。这些问题的存在严重影响了农村土地资源的有效利用，阻碍了农村经济的发展和农民的城市化进程，迫切需要通过改革加以解决。

为应对这些挑战，2014 年 12 月 31 日，中共中央办公厅和国务院办公厅联合发布了《关于农村土地征收、集体经营性建设用地入市、宅基地制度改革试点工作的意见》，正式启动了农村宅基地制度的第一轮改革试点工作，标志着宅基地制度改革进入了新的阶段。随后，全国人大常委会通过了相关决定，选定浙江义乌、安徽金寨、江西余江等 15 个县（市、

① 杨玉珍．农户闲置宅基地退出的影响因素及政策衔接——行为经济学视角［J］．经济地理，2015（7）：140-147.

② 李婷婷，龙花楼，王艳飞．中国农村宅基地闲置程度及其成因分析［J］．中国土地科学，2019（12）：64-71.

③ 常钦．让闲置农房成为促农增收的“黄金屋”［N］．人民日报，2018-7-8（10）．

区）作为第一批改革试点地区。第一轮试点改革以分类改革为起点，逐渐过渡到“三块地”联动改革，内容上经历了从“两探索两完善”到“三权分置”的演变，在改革方式、内容和时间上均有所调整和拓展。

第一轮试点改革的结束标志着改革进入新阶段。2020 年 10 月，新一轮宅基地制度改革试点启动，将试点范围扩大至全国 104 个县（市、区）和 3 个设区市，并将改革任务拓展为“五探索、两完善、两健全”，进一步深化了宅基地制度改革的内容。这一轮改革旨在完善宅基地的集体所有权行使机制，探索宅基地农户资格权保障机制，健全宅基地收益分配和监管制度，从而推动农村土地资源的合理利用，增加农民的财产性收入，促进城乡融合发展和乡村振兴战略的实施。

总体来看，自两轮试点改革以来，各试点地区结合自身资源禀赋，探索出了一系列具有地方特色的改革模式。这些丰富多样的改革实践，为宅基地制度的进一步优化提供了宝贵的经验，也为理论研究提供了实证素材，亟须理论界深入总结和分析，以更好地指导全国范围内的改革实践。

## 第二节　文献综述

### 一、研究现状

自 2015 年试点改革启动以来，学界关于宅基地制度试点改革的研究文献可谓浩如烟海、不胜枚举。本节将聚焦研究主题，专门综述有关宅基地制度试点改革案例方面的研究成果。这些研究大体可以分为以下几类：“三权分置”改革的案例分析、宅基地退出的案例分析、资格权保障的案例分析、闲置盘活的案例分析、有偿使用的案例分析。下面将逐一进行综述与评价。

1. 有关宅基地“三权分置”改革的案例研究

这方面的研究主要探讨了宅基地“三权分置”改革的路径、风险及其规避以及在促进共同富裕中的作用。代表性研究如下：

（1）关于改革路径。王亚星和于水（2022）① 基于六个村庄的典型实践发现，资源禀赋的异质性决定了宅基地的差异化价值。要实现这一价值，既需要统一的制度变革，也需要相对多层的改革环境。“三权分置”改革要在中央层面制定统一的配套政策，满足共同的制度需求，实现“求同”；同时，在严守耕地和生态红线的前提下，赋予地方探索差异化实践路径的自主权，实现“应异则异”。在地方共性需求与异质需求并存的改革背景下，治理体系应嵌入地方资源禀赋差异，避免“一刀切”或政策缺位，最终形成国家层面的统一规定与地方层面的差异化实践相协调的现代化治理体系。曾旭辉和郭晓鸣（2019）② 根据江西省永丰区和四川省泸县的实践经验，提出了四项改革路径：一是明确村集体在宅基地监管中的主导作用；二是通过有偿使用来优化宅基地资源的配置；三是在宅基地补偿中引入收益分享机制；四是以宅基地“三权分置”为指导，合理利用空余的宅基地和农房。

（2）关于改革风险。吴丽等（2020）③ 探讨了宅基地“三权分置”改革的制度风险类型及现实表现，认为这些风险主要可以分为制度设计失衡、制度过剩、制度虚化以及制度执行困难四类。制度风险在实际操作中呈现出明显的差异性。在改革实践中，可以通过提高农户对制度的信任程度，并考虑制度风险产生机制的差异，选择有效的风险控制路径，逐步实现农村宅基地制度改革的政策目标。叶剑锋和吴宇哲（2018）④ 以义乌市为例提出了以下规避对策：首先，设立专门的机构负责宅基地数据库的管理与实施；其次，明确宅基地资格权取得的具体条件，并支持有补偿使用

---

① 王亚星，于水．“求同”与“存异”：异质性资源禀赋视域下宅基地三权分置实现路径研究——基于典型案例的对比分析［J］．宁夏社会科学，2022（2）：43-52.

② 曾旭晖，郭晓鸣．传统农区宅基地“三权分置”路径研究——基于江西省永丰区和四川省泸县宅基地制度改革案例［J］．农业经济问题，2019（6）：58-66.

③ 吴丽，梁皓，霍荣棉．制度信任框架下宅基地“三权分置”改革制度风险研究［J］．中国土地科学，2020，34（6）：41-47.

④ 叶剑锋，吴宇哲．宅基地制度改革的风险与规避——义乌市“三权分置”的实践［J］．浙江工商大学学报，2018（6）：88-99.

制度，通过价格机制保障资格权获得的公平性；再次，将资格权和使用权进行物权化处理，以增强其法律效力；最后，厘清各项权利的能力边界，确保权利的明确和有效执行。

（3）关于改革作用。鲍海君等（2022）① 以浙江省象山县为案例，研究了宅基地“三权分置”改革在推动共同富裕过程中的作用。研究构建了“确权—赋能—活化—保障”这一演化模型，来解释宅基地“三权分置”如何促进共同富裕。同时，结合交易成本理论，分析了宅基地的社会保障属性与财产功能属性之间的动态平衡，揭示了“三权分置”改革在促进共同富裕中的作用机制。最终得出的结论是，宅基地“三权分置”在实现共同富裕的过程中可以通过四个方面进行推进，分别是巩固制度基础、增强制度内生动力、拓展财产增收渠道以及构建红利分配体系。

2. 有关宅基地自愿有偿退出的案例研究

这方面的研究主要探讨了宅基地退出的模式、实现机制、补偿方法等。代表性研究如下：

（1）关于退出模式。曲衍波等（2021）② 以山东省为例，设计了四种宅基地退出模式，并在“诊断—设计—结果”框架下编制了相应的行动编码手册。研究通过原型分析，明确了各模式的行动逻辑和适用条件。结果显示：四种模式即资产置换、货币补偿、以地养老、土地入股具有明显的系统特征，能够满足不同地区的农村发展需求。这些模式依托多元化激励机制，引导农户有序退出，并展现了政府、村企合作等不同主体的主导作用。由于地域差异和政策变化，宅基地退出模式需根据实际情况灵活调整。

（2）关于退出机制。张秀智和丁锐（2009）③ 选取辽宁省、湖南省和北京市的三个村庄为案例，探讨了宅基地退出机制的建立。研究从农村基

---

① 鲍海君，叶成，徐之寒，等．宅基地“三权分置”促进共同富裕：基于浙江省象山县的案例分析［J］. 中国土地科学，2022，36（11）：106-113.

② 曲衍波，柴异凡，朱伟亚，等．基于“诊断—设计—结果”框架的农村宅基地退出模式原型分析［J］. 资源科学，2021，43（7）：1293-1306.

③ 张秀智，丁锐．经济欠发达与偏远农村地区宅基地退出机制分析：案例研究［J］. 中国农村观察，2009（6）：23-30，94-95.

础设施投入、农民就业模式、土地依赖程度、集体土地产权安排以及农村特色发展等方面进行分析。结果表明，政府的财政投入和集体产权设置是宅基地退出的主要推动因素，而农民的就业模式、土地依赖度及农村发展的地区特色则是关键的微观影响因素。陈昌玲等（2023）[①] 以江苏省阜宁县为案例，分析了宅基地退出的关键因素。研究发现，户籍制度改革、宅基地确权和“三权分置”构成了宅基地退出的制度基础，地方政府的政策支持提供了资金和用地保障。村庄的资源条件和治理结构决定了具体的退出模式。宅基地退出的治理结构结合了政府和市场力量，通过县乡政府、村集体和农户的协商实现了土地利用效率的提升。不同的安置模式在交易成本、土地利用和收益分配方面存在差异，受治理环境和结构的影响。为提高治理绩效，应深化“三权分置”和户籍制度改革，并完善相关市场机制。朱冬亮和林彩云（2023）[②] 以福建省晋江市的 8 个村庄为案例，研究了宅基地退出如何推动经济发达地区的乡村振兴。他们所构建的模型显示，地方政府、村集体和农户在宅基地退出中各有不同的行动逻辑，退出过程通过产业发展、乡村规划等五个方面形成了一个有机整体。同时，土地要素激活、人地关系协调和差异化退出模式的作用，推动了乡村振兴的实现。但基层政策执行中的问题可能影响治理效果，建议从基层治理和乡村规划两方面完善制度，以更好地推动乡村振兴。

（3）关于退出补偿。闫丽和王成利（2024）[③] 基于前景理论的价值函数，结合行为经济学实验方法，通过实验和问卷调查量化了农户在宅基地退出补偿中的价值认知，并提出了一种具有合理性的补偿标准测度模式。研究发现：一是不同类型农村的进城落户农户在宅基地退出意愿上有显著差异，依次为经济较发达地区的近郊农村、远郊农村，经济欠发达地区的

---

① 陈昌玲，诸培新，许明军．治理环境和治理结构如何影响宅基地有偿退出——基于江苏省阜宁县退出农户集中安置模式的案例比较［J］．中国农村经济，2023（8）：168-184.

② 朱冬亮，林彩云．经济发达地区宅基地退出何以推动乡村振兴——基于扎根理论的晋江市多案例研究［J］．中国土地科学，2023，37（6）：106-115.

③ 闫丽，王成利．基于价值认知视角的农村宅基地退出补偿研究——一个源于案例的实证分析［J］．重庆工商大学学报（社会科学版），2024，41（2）：29-44.

近郊农村、远郊农村。二是农户对收益和损失变动的敏感性减弱，随着收益增加，痛苦感逐渐降低，边际效用递减。三是农户表现出明显的损失厌恶，需要约 1.94 倍的收益才能弥补相同的损失。四是虽然具有价值认知，合理性的补偿标准理论上可行，但实践中存在挑战。研究建议，明确合理的宅基地退出时空安排，灵活利用城乡建设用地增减挂钩指标，有助于促进农户宅基地的退出。彭山桂等（2021）① 基于社会网络视角，专门探讨了农户互动对宅基地退出补偿的影响。

3. 有关宅基地资格权保障的案例研究

这方面的研究主要探讨了宅基地资格权的外延、实现形式和保障方式等。代表性研究如下：

（1）关于资格权的外延。邱俊柯等（2023）② 以 Y 县 B 镇为例，运用实地调研、案例分析和访谈方法，构建了宅基地资格权“外延”理论框架，分析了非本集体成员在宅基地建房中的路径和机理。研究发现，通过明确“外延”主体、民主决策和权能约束，实现了资格权向非本集体成员的延伸。地方政府的政绩诉求、农村发展要素的缺失、有效的乡村治理实践以及村民对资格权保障的需求，共同推动了“外延”模式的形成。研究建议，推动人才、技术、资本有序回流农村，鼓励村民全程参与资格权“外延”，以促进村民自治和公民精神的培养，并提出适度放宽宅基地资格权认定标准的对策。易文彬等（2024）③ 以 4 省 5 县（市）的 40 个试点村为研究对象，采用定性比较分析法探讨了宅基地资格权“外延”效果的影响因素和提升路径。研究结果表明，宅基地资格权“外延”的成功实践并非由单一因素决定，而是多种因素相互作用的结果。其中，非本集体成员

---

① 彭山桂，孙昊，王健，等. 农户互动对农村宅基地退出补偿的影响——基于社会网络视角［J］. 资源科学，2021，43（7）：1440-1453.

② 邱俊柯，徐康昕，刘建生. 封闭性突破：农村宅基地资格权“外延”研究——基于 Y 县 B 镇试点考察［J］. 中国农业资源与区划，2023，44（5）：219-225.

③ 易文彬，孙秀香，邱俊柯，等. 农村宅基地资格权“外延”效果的影响因素及提升路径研究［J/OL］. 中国农业资源与区划，1-10［2024-08-07］. http：//kns. cnki. net/kcms/detail/11. 3513. S. 20240105. 1028. 004. html.

的投资参与是提升“外延”效果的关键，而财政支持和村民接纳则是重要的辅助条件。研究还发现，通过政策资本驱动、社会力量驱动以及政社民协同驱动的三重赋能路径，可以有效扩大和深化试点实践的广度与深度。

（2）关于资格权的实现形式。林超和吕萍（2022）① 基于“经济—社会”产权理论分析了义乌、湄潭和永丰的农村宅基地资格权案例，发现不同发展阶段下经济产权与社会产权的主导作用不同，导致资格权认定和行使方式存在显著差异。义乌的资格权偏向于财产性权利，实现方式灵活，多采用市场化运作；永丰的资格权侧重于内部成员的身份性权利，作为原住村民的福利资源，依赖宗族关系来实现；湄潭则介于两者之间，在保障本地村民福利的同时，适度向外来人口开放，以稳定流动人口带来的经济效益。研究建议，从立法层面，宅基地资格权立法应结合底线思维与动态灵活性；从理论层面，应从动态视角理解资格权的多种实现形式；从实践层面，各地应根据村庄实际，灵活运用资格权认定和行使政策工具，以更好地服务乡村发展。

（3）关于资格权的保障方式。朱新华等（2022）② 以 L 市宅基地资格权择位竞价为案例，研究聚焦于宅基地所有权与资格权分置过程中出现的错配问题，揭示了保障农户资格权的创新举措与现实困境之间的差距，并提出改进思路。研究发现，农户的资格权保障需求、地方政府的政绩导向、乡贤精英的“乡土情结”回归，以及乡村治理结构的转型，共同推动了 L 市择位竞价模式的形成。然而，实践中由于资格权权能不清晰、收益分配机制不完善等问题，导致了资源、身份和权益的错配。因此，研究建议进一步深化宅基地资格权研究，加强政策供给，优化择位竞价的操作方案，完善市场机制，以纠正宅基地所有权和资格权分置改革中的错配问题。

4. 有关闲置宅基地盘活利用的案例研究

新一轮试点改革要求探索宅基地使用权流转制度，就此，学界运用案

---

① 林超，吕萍．农村宅基地资格权实现形式及其理论解释——基于义乌、湄潭、永丰改革案例［J］．中国土地科学，2022，36（1）：30-36.

② 朱新华，吴舒心，韩沛岑．农户宅基地资格权何以保障：分置还是错配——L 市宅基地资格权择位竞价的案例研究［J］．农业经济问题，2022（3）：109-116.

例方法主要研究了使用权流转中的一个重要领域，即闲置宅基地及农房（使用权）的盘活利用。这方面研究主要探讨了盘活利用的主体、模式、机制和治理等，代表性研究如下：

（1）关于盘活利用的主体。徐忠国等（2024）① 通过中层理论的逻辑分析和过程追踪法的案例研究发现：一是宅基地盘活涉及的主要利益主体包括政府、企业和乡村三类，它们的行为逻辑分别是政绩导向、利润导向和关系导向，需要通过利益联结来实现网络整合。二是临安案例中的宅基地盘活分为村庄整治和村庄经营两个阶段，前者提供了物质条件，后者奠定了经济基础。农村集体经济和乡村运营商在结合内外生产要素的过程中起到了枢纽作用。研究指出：在宅基地盘活过程中，政府和企业的行为逻辑以政绩和利润为导向，属于工具理性行为，而乡村则以关系为导向，体现出差序格局的价值理性行为。此外虽然政府、企业和乡村的行为逻辑存在差异甚至潜在冲突，但通过建立均衡共赢的利益联结，可以有效地控制行为异化和利益冲突。

（2）关于盘活利用的模式。王荣宇等（2024）② 基于群体利益异质性的视角，通过比较百山祖国家公园联动发展区内两个典型村庄的特征，分析了经济和社会利益异质性对宅基地盘活模式选择的影响。研究发现，群体利益异质性引发的选择性激励能够促成宅基地盘活的集体行动。村庄的资源禀赋、群体规模和人口流动频率影响了群体利益异质性的程度。资源禀赋较好、群体规模较小、人口流动频率较低的村庄，经济和社会利益异质性均较强，适合农户自组织的宅基地盘活模式；而资源禀赋较好、群体规模较大、人口流动频繁的村庄，经济利益异质性较强但社会利益异质性较弱，更适合政企合作模式。研究指出，群体利益异质性是选择国家公园联动发展区宅基地盘活模式的关键因素。单纯的经济利益异质性不足以促

① 徐忠国，卓跃飞，陈阳，等．农村闲置宅基地盘活利用的多主体行为逻辑——以杭州临安为案例［J］．中国土地科学，2024，38（1）：105-113.

② 王荣宇，马峥嵘，谭荣．国家公园联动发展区宅基地盘活的模式选择：基于群体利益异质性的视角［J］．中国土地科学，2024，38（5）：103-113.

成集体行动，还需借助社会利益异质性对农户的内生激励，以更好地实现国家公园全民共建共享的发展理念。

（3）关于盘活利用的机制。陈胜祥和李洪义（2021）① 基于三个村庄的案例，探讨了农村闲置宅基地（含农房）盘活利用的市场主导型实施机制结构及其嵌入性运行方式。结果显示：盘活利用的广义实施机制包括5个市场交易构件，即清晰界定产权、搭建交易平台、拓宽交易范围、选择长期合约及防范事后风险；一些交易构件以社会嵌入方式运行，有的必然，有的或然，使闲置宅基地盘活利用市场机制具有社会嵌入性特征；社会嵌入对市场机制既有促进作用又有制约作用，表现出明显的悖论效应。为此建议改革实践既要通过构造5个交易构件完善农村闲置宅基地盘活利用市场结构，又要正确对待社会嵌入对盘活利用市场机制的悖论效应。

（4）关于盘活利用的治理。周小平等（2022）② 在“人才—文化制度子系统—资源产业子系统”理论模型的指导下，研究了城市周边闲置宅基地盘活利用的治理对策。研究结果表明，宅基地盘活利用涉及资源、产业、文化、制度和人才等多个维度的综合系统。为此在治理过程中，应强调乡村人才的统筹作用，使各维度因素形成合力，优化配置发展要素，为乡村振兴注入动力。张勇等（2022）③ 以安徽省滁州市南谯区施集镇井楠村和合肥市庐阳区三十岗乡崔岗村为例，分析了两个村庄在盘活利用闲置宅基地方面的实践样态。研究指出，在乡村振兴背景下，盘活闲置宅基地应以提高土地利用效率、增加农民收入和壮大村集体经济为目标。为此需统筹考虑村庄的区位条件、资源禀赋和产业基础，发展新产业、新业态，推动要素跨界配置和产业融合。研究建议，应因地制宜选择盘活模式，支

---

① 陈胜祥，李洪义．农村闲置宅基地盘活利用的嵌入性市场机制研究［J］．中国土地科学，2021，35（6）：85-94.

② 周小平，刘博研，谷晓坤，等．城市周边闲置宅基地盘活利用影响机制及治理对策——基于长三角城市群三个典型乡村的案例分析［J］．中国土地科学，2022，36（10）：109-118.

③ 张勇，周婕，陆萍．乡村振兴视阈下盘活利用农村闲置宅基地的理论与实践——基于安徽省两个案例的考察［J］．农业经济问题，2022（4）：96-106.

持多方主体以多种方式盘活闲置宅基地，并结合新一轮农村宅基地制度改革提出相关政策建议。

5. 有关宅基地有偿使用的案例研究

这方面的案例研究文献相对较少，代表性研究主要有张元朋等(2021)①。该研究基于利益相关者视角，结合典型案例和问卷调查方法，分析了宅基地有偿使用制度在县域范围内的实施效果差异。结果表明，不同乡镇的政策目标取向导致实施效果存在显著差异。采用乡贤治理模式的村庄在政策实施中效果较好，特别是在村庄退出方面表现明显；采用政府主导模式的村庄倾向于选择阻力较小、效率较高的有偿使用制度，但政策稳定性较差；采用传统自治模式的村庄则多采用折中方式，实施效果较差。此外，村民的选择行为与宅基地超占利用状况、政策宣传和执行力度密切相关。为此建议镇政府应明确政策目标，加强宣传和流程优化，明确村集体的主体性作用，鼓励采用乡贤治理模式，并对退出的村民提供适当补偿，兼顾宅基地的社会保障功能。

## 二、文献述评

新一轮试点改革内容可以概括为“五探索、两完善、两健全”，即完善宅基地集体所有权行使机制，探索宅基地农户资格权保障机制，探索宅基地使用权流转制度，探索宅基地使用权抵押制度，探索宅基地自愿有偿退出机制，探索宅基地有偿使用制度，健全宅基地收益分配机制，完善宅基地审批制度，健全宅基地监管机制。这些内容为当前宅基地制度改革提供了明确的方向，也对研究提出了新的要求。

尽管已有研究通过案例研究方法，探讨了宅基地制度改革试点的多个重要方面，并取得了相当丰富的成果，但从整体上看，仍有较大的改进空间：在研究内容方面，现有研究通常聚焦于宅基地制度改革的某一个具体领域或方面，尽管这样能够深入分析特定问题，但却缺乏对宅基地制度改

① 张元朋，赵鹏，刘华．宅基地有偿使用制度实施效果差异及原因诊断研究——基于利益相关者视角［J］. 农业经济问题，2021（2）：14-25.

革的整体性思考。尤其是在没有将宅基地制度改革视为一个整体进行研究的情况下，现有研究尚未充分探讨试点模式的主要类型、这些模式为何形成、各模式的运行机制以及它们的改革绩效如何。在方法和数据方面，尽管已有研究进行了不同地区典型案例的比较，但所涉及的案例数量有限，案例的类型也缺乏逻辑上的全面覆盖，部分研究甚至依赖于间接经验或二手资料，这在一定程度上限制了研究的深度和广度。

2021 年 3 月 24 日，中国案例研究期刊联盟成立大会暨案例建设高端研讨会在清华大学召开。与会的专家和领导一致认为："以中国实践为研究起点的案例研究，能够提出具有主体性和原创性的理论观点，不仅可以更好地解释当代中国发生的伟大社会变革，也能帮助世界各国更好地理解中国实践并吸收中国经验。"此外，首批参与期刊联盟的 26 家单位率先设立了案例研究专栏，起到了良好的引领和示范作用。

因此，进一步研究亟须深入我国宅基地制度试点改革地区进行广泛调查，收集和分析典型案例，深入剖析中国宅基地制度改革的成功经验和机理，并通过讲述中国宅基地制度改革故事，为未来的进一步试点或全面改革提供有力的指导和参考。这不仅是对现有研究的深化和扩展，也是推动宅基地制度改革在更大范围内成功实施的重要保障。

## 第三节　研究目的及意义

### 一、研究目标

本书的主要研究目标是基于现有的理论框架，构建一个贯穿整个研究过程的分析框架。在这一框架的指导下，深入宅基地制度改革的试点地区进行实地调研，通过系统的案例分析，提炼出不同模式的运行机制和核心经验，为未来的宅基地制度试点改革以及全面改革提供理论支持和实践参考。具体而言，该研究目标可以分解为以下四个子目标：

子目标一：识别一般性模式类型。通过对第一轮宅基地制度改革的全国性调查，对不同地区探索的宅基地制度改革模式进行识别和分类，提炼出在理论和实践上都具有逻辑自洽性且覆盖面广的一般宅基地制度改革模式类型。这一过程将帮助研究者更好地理解各地区宅基地制度改革的基本特征、主要区别及形成逻辑。

子目标二：呈现典型的宅基地制度改革案例故事。通过严谨的社会科学调查方法，收集和分析相关数据，撰写并深入描述典型宅基地制度改革案例，既情景式地再现不同村庄推进宅基地制度改革的故事原型，也为建立宅基地制度改革案例数据库作一份贡献。

子目标三：探究新一轮宅基地制度改革的运行机制。通过对典型案例的深入比较分析，提炼出新一轮宅基地制度试点改革的共同运行机制，据此构建适用于中国国情的宅基地制度改革理论模型，为未来的政策制定和改革实施提供科学依据。

子目标四：推广应用与政策含义。在总结经典案例运行机制的基础上，进一步探讨这些研究成果对政策制定的实际指导意义。通过落实这一目标，本书希望能在推动宅基地制度改革的深入发展和提供有价值的政策建议方面作一点微薄的贡献。

## 二、研究意义

### 1. 实践意义

本书的研究具有显著的实践意义，尤其在探索和总结我国宅基地制度试点改革的成功经验方面，展现出较好的应用价值。

（1）通过运用跨案例比较方法，深入探讨了宅基地制度改革的成功机理。这种方法不仅使我们能够识别出关键变量及其因果关系，还通过情境再现的方式，详细展示了典型案例的现实运行状况。通过这种系统的分析，本书为类似地区提供了可供借鉴的改革路径，为未来的改革提供了重要的实践参考。

（2）在“案例”到“机理”的分析路径中，强调了“模式提炼”的重要性。模式提炼不仅是一种理论升华的过程，更是将复杂的实践经验转化为可操作性强的改革指南；通过对典型改革模式的系统提炼，本书展示了这些模式的大体操作流程，为其他地区提供了可供借鉴的实践范式，也为今后政策的推广和应用提供了较为具体的指导和参考。

（3）通过对各类改革模式的关键性举措进行深入分析，为同类地区推行宅基地制度改革提供了实用的参照标准。通过总结成功案例的关键性举措，能够有效避免在改革过程中可能出现的制度脱节和操作失误等问题。这种基于实际案例的宅基地制度改革举措分析，使本书的研究具有较强的现实针对性和操作性，能够为进一步的改革实践提供切实可行的参考方案。

2. 理论意义

本书以“新一轮宅基地制度改革模式特征及其运行机制”为研究主旨，展现了重要的学术价值，特别是在理论创新和现实解释力方面，贡献了独特的学术见解。

（1）本书通过“制度嵌入”理论的视角，弥补了传统新制度经济学在强制性制度变迁研究中的局限性。传统的新制度经济学通常将制度变迁视为政府自上而下的强制性过程，强调正式制度对个体行为的规范作用。然而，这种分析往往忽视了非正式制度的深远影响，以及新制度在嵌入现有社会结构和文化环境过程中所经历的变异与调整。本书引入“制度嵌入”理论，将宅基地制度改革视为一个“外部制度注入—新旧制度冲突—新旧制度耦合—制度的社会建构”的动态过程，从而更加全面地解释各地宅基地制度改革过程中正式制度的实际运作及其变异。这一理论创新有助于揭示制度变迁的复杂性和动态性，为深入理解中国农村宅基地制度改革中的制度生成提供了新的研究视角。

（2）本书对现有的“状态—结构—绩效”（SSP）框架进行了拓展，形成了更为完善的分析工具。通过将“制度嵌入”作为关键环节，结合制度分析与发展（IAD）框架，本书发展出SSEAP分析框架，进一步细化了制度结构与社会经济环境的互动关系。SSEAP框架不仅关注制度文本的制定与实施，还深入探讨了制度在地方社会中的嵌入过程，分析了在实际操作中生成的新规则体系，以及这些规则如何影响改革绩效。这种多层次的分析方法能够更为细致地揭示宅基地制度改革的运行机制及其绩效差异，为理论研究和政策实践提供了更加精细化的分析工具。

（3）本书基于5个宅基地制度改革案例的比较研究，进一步拓展了SSEAP框架，进而构建了一个具有中国特色的宅基地制度改革理论模型。这一模型不仅总结了各地改革的共性经验，还揭示了不同地区在实施同一政策时，由于社会结构、经济状况等因素的差异，而导致的制度变迁路径的多样性。这种从微观实证研究出发，结合理论推导所形成的中层理论模型，不仅具有较高的理论价值，还为未来的政策制定和推广提供了的理论依据。

## 第四节 调查过程及数据

### 一、全国性调研

1. 调研过程

为了确保本书研究的严谨性和数据的可靠性，笔者从最早承担宅基地制度专项试点改革任务的15个试点县（市、区）中，选取了13个作为重点调研对象。2018年12月初至2019年2月中旬，笔者与一位研究助手走村入户，先后对湖北宜城、陕西高陵、宁夏平罗、青海湟源、四川泸县、云南大理、湖南浏阳、安徽金寨、天津蓟州、江苏武进、浙江义乌、福建晋江和江西余江13个首批试点县（市、区）进行了详细考察。由于新疆伊宁和西藏曲水地处边疆，加之调研时间为冬季，考虑到高寒路滑的潜在风险以及语言沟通上的困难，未将这两个地区纳入调研计划。此次实地调研共历时两个月，行程超过2万千米，深入走访了13个试点县（市、区）的50余个试点村。这些调研活动为本书的研究提供了丰富的第一手资料。

2018年12月5日~2019年1月5日

调研路线一：出发城市→湖北宜城→陕西高陵→宁夏平罗→青海湟源→四川泸州→云南大理→湖南浏阳→出发城市

2019年1月19日~2月1日

调研路线二：出发城市→安徽金寨→天津蓟州→江苏武进→浙江义乌→出发城市

2019年2月11~14日

调研路线三：出发城市→福建晋江

2020年8月30日~9月1日

调研路线四：出发城市→江西余江

2. 所获数据

在整个调研过程中，团队系统收集了13个试点县（市、区）有关宅基地制度改革的官方文件汇编及典型案例资料库，全面记录了地方政府在宅基地制度改革过程中发布的政策文件及其实施实践。此外，团队撰写了超过10万字的田野调查笔记，其中详细记录了对地方政府官员、村干部、村民等相关人士的访谈内容，深入剖析了各地宅基地制度改革的实际情况及其背后的推动机制。为确保数据的广泛性和代表性，团队共发放并回收了730份调查问卷，这些问卷深入探讨了农户对宅基地制度改革各方面的认知、态度和意愿，为笔者主持的国家社科课题研究（已结项）提供了坚实的数据支持。除这些文献和访谈记录，调研过程中还收集了大量其他资料，如宣传手册和现场照片，为研究提供了多样化的背景信息和第一手的现场证据（见图1-1）。

图 1-1　全国性调研所收集的制度文本数据（部分）

## 二、江西永丰的调研

自 2022 年暑期起，笔者带领团队对江西省永丰县的宅基地制度改革进行了持续的追踪调研。调研方法主要包括访谈、实地观察和问卷调查，访谈对象涵盖永丰县农业农村局宅基地制度改革办成员、试点村的村干部、村民理事会成员以及普通村民。

第一阶段：2022 年 7 月 21 日上午，调研团队走访永丰县农业农村局农村宅基地制度改革试点工作领导小组办公室，获取了相关制度文本，并对农村宅基地制度改革试点工作领导小组办公室成员进行了半结构式访谈，深入了解了永丰县宅基地制度改革的整体进展。同时，调研团队还安排了 5 个试点村的实地调研工作。

第二阶段：2022 年 7 月 21 日下午至 22 日，调研团队前往上田洲村、杨家坊村、井心村、易溪村和流坑村，开展了案例访谈，详细了解各试点村的宅基地制度改革实际情况。调研结束后，团队根据访谈内容和相关资料编撰了这 5 个村的宅基地制度改革典型案例，并获得了永丰县宅基地制度改革办签发的案例采用证明。同时，7 月 23~29 日，调研团队对永丰县的 16 个村进行了问卷调查，调查对象包括村干部、理事会成员和普通村民，共收集到 304 份有效问卷。

第三阶段：在 2024 年暑期及本书撰写过程中，笔者通过电话访谈的方式，不定期联系永丰县宅基地制度改革办领导和村理事会成员，收集最新的制度文本，了解永丰县宅基地制度改革的最新进展。

## 第五节　思路方法与创新

### 一、基本思路

本书围绕中国农村宅基地制度新一轮试点改革，旨在通过理论探讨及案例研究，揭示改革过程中的成功经验和运行机制，为未来的改革方向提供理论支撑和实践指导。具体的研究思路可以分为以下几个阶段：

1. 理论框架构建

本书基于新经济社会学的“制度嵌入”理论，结合制度绩效影响（SSP）框架和制度分析与发展（IAD）框架，构建了一个贯穿整个研究过程的分析框架（SSEAP）。与传统的新制度经济学不同，“制度嵌入”理论强调制度在社会结构中的生成和变化过程，特别关注外部制度在与地方社会结构和文化环境互动中所发生的变异。通过这一理论框架，本书能够更深入地分析宅基地制度改革中正式制度的实际运作及其变异现象。

2. 典型案例选择与调研

永丰县作为新一轮宅基地制度改革的试点县之一，其改革模式和成果在全国范围内具有一定的代表性和示范性。本书重点选择江西省永丰县内的 5 个典型试点村案例作为实地调研对象。调研过程中，综合运用小组座谈、实地访谈、现场观察和问卷调查等多种方法，广泛收集一手资料；这些资料包括官方文件、地方操作规程、干部访谈记录和农户的反馈信息，为后续分析提供了精准的基础，使研究能够更准确地反映永丰县宅基地制度改革的运行机制和成效，同时也为后续的比较分析奠定了基础。

3. 案例分析与模式提炼

在调研的基础上，本书对 5 个典型宅基地制度改革案例进行了详细分析，运用“状态—结构—嵌入—行动—绩效”（SSEAP）框架，探讨了各地宅基地制度改革改变模式的共性与差异。通过比较分析，本书不仅总结了各地的成功经验，还提炼了宅基地制度改革的共性运行机制，为进一步的改革提供了理论借鉴。这一过程凸显了地方性实践在制度变迁中的独特路径及其普遍意义。

4. 机理探究与模型构建

在案例分析的结果基础上，本书基于中国传统哲学中的体、相、用三位一体的认识论式，重新定义了制度和制度变迁，由此进一步拓展和深化了 SSEAP 分析框架。该框架不仅能够解释复合式宅基地制度改革模式的运行机制，也为理论研究提供了新的解释工具，还为政策制定提供了实践参考。

5. 研究成果的推广应用

在总结理论框架模型的基础上，本书还讨论了经典案例中宅基地制度改革举措的推广应用策略，挖掘了其中的政策含义，确保改革能够为更多地区提供借鉴。

总体而言，本书采用了“理论→案例→模式→机理→政策”的分析路径，不仅为宅基地制度改革的未来方向提供了翔实的实践经验，还为政策的推广奠定了坚实的理论和实践基础。希望这些研究成果能够为政策制定者提供有价值的参考，并进一步推动我国农村宅基地制度的持续改革。同时，本书总结的经验和模式，也有望为其他地区的乡村治理提供参考，助力乡村振兴战略的全面实施。

## 二、研究方法

本书采用了多种研究方法，以确保对中国农村宅基地制度试点改革的分析既全面又深入。

1. 比较研究法

比较研究法是本书的核心方法，通过不同维度的比较，识别、分类和分析宅基地制度改革的典型模式与运行机制：一是在理论层面构建可能的改革模式，并将现实案例与这些模式进行匹配分析，识别出典型的改革模式，为后续的案例分类奠定基础。二是通过多案例的比较分析，探讨不同类型案例在核心举措和运行机制上的一致性与差异性，从而揭示宅基地制度改革的内在机理，并构建相应的理论模型。三是将所构建的理论模型与已有的成熟案例进行匹配性分析，探索该模型在不同情境下的外部有效性。

2. 调查研究法

调查研究法被用于分析与乡村非正式规范相关的内容，并了解干部和村民对政策的认知与态度。具体方法包括非结构式访谈，用以获取试点地区相关人员的深度信息；问卷调查和统计分析，虽然本书以质性研究为主，但在少数地方也使用了这一方法，系统地收集并量化分析受访者的态度和看法；此外，还通过实地观察，直接观察村庄的改革实践，以补充和验证其他数据来源。

3. 质性分析法

本书采用质性分析法处理访谈记录和田野笔记等质性数据，借助NVivo软件对质性数据进行管理和编码分析，识别出宅基地制度改革中的关键主题和模式，为理论建构奠定坚实的实证基础。

## 三、研究创新

本书围绕中国农村宅基地制度的新一轮试点改革，整合和创新已有理论框架，采用多维研究方法，为探索和解读改革过程中的关键机理和成功经验提供了新的视角和工具。主要的研究创新体现在以下三个方面：

1. 理论创新：基于制度嵌入理论的深化与拓展

本书将新经济社会学的制度嵌入理论与制度绩效影响（SSP）框架、制度分析与发展（IAD）框架相结合，构建了贯穿整个研究过程的SSEAP分析框架。这一框架深入地分析了制度在地方社会结构和文化环境中的嵌入过程及其动态变化。通过这一创新，本书能够解释外部制度在嵌入农村社会时，如何在地方性实践中生成新的规则体系，并揭示了宅基地制度改革中的制度变异及其内在机理。

2. 方法创新：多层次的比较研究与质性分析结合

本书在研究方法上采用了多层次的比较研究法，将现实案例与理论模式进行匹配分析，并通过多案例比较探讨不同改革模式的共性与差异。特别是将这些案例置于“状态—结构—嵌入—行动—绩效”（SSEAP）框架下进行系统分析，不仅总结了各地的成功经验，还提炼出了宅基地制度改革的共性运行机制。同时，本书充分运用了质性分析法特别是借助 NVivo 质性分析软件，对田野笔记和访谈记录等质性数据进行编码和主题分析，从中提炼出改革中的关键主题和制度逻辑，为理论模型的构建奠定了坚实的实证基础。

3. 实践创新：理论与实践的双向互动

本书不仅致力于理论创新，还注重理论与实践的双向互动。通过深入调研江西省永丰县这一典型试点地区，本书系统分析了地方性改革实践的独特路径及其普遍意义，并将这些实践经验与理论模型相结合，形成了具有中国特色的宅基地制度改革理论模型。该模型在解释宅基地制度改革过程中的共性机理的同时，也为其他地区提供了推广应用的参考框架，进一步增强了研究成果的实践价值。

通过这些理论、方法和实践方面的创新，本书为理解和推动中国农村宅基地制度改革提供了全新的视角和工具，深化了对制度变迁过程的理解，拓展了理论与实践相结合的研究路径。

# 第二章 理论框架

本章的研究目的是通过回顾与本书研究相关的理论和研究文献，构建一个分析框架以引导案例数据的编码及分析。面对浩如烟海的文献，需要从核心概念（宅基地）的定义切入，逐步梳理与之相关的制度变革理论，寻找本书研究的理论支撑，然后构建适用于本书研究主旨的分析框架。

## 第一节 概念界定

### 一、宅基地制度

在中国农村，房屋和地基是不能分离的。人们通常所说的房屋、宅或宅子不仅包括地上的建筑物，还包括宅基地；在进行房屋交易时，通常是房随地走或地随房动①。1962 年的《农村人民公社工作条例（修正草案）》首次提出了“宅基地”一词，规定社员的宅基地归生产队所有，不

① 陈小君，蒋省三. 宅基地使用权制度：规范解析、实践挑战及其立法回应［J］. 管理世界，2010（10）：1-12.

允许出租和买卖。这项规定开创了宅基地与其上房屋相分离的制度安排①。自此，宅基地概念逐渐清晰。它通常指农村集体经济组织为满足本集体经济组织成员的生活和从事家庭副业生产的需要，而分配给其家庭使用的住宅用地及附属用地②，这包括住房、厨房、厕所、禽畜舍等辅助用房，以及庭院、天井等用地。宅基地及其上的房屋不仅是农民安居乐业的基本物质保障，也是农民手中最重要的实物资产③。对于农户来说，宅基地是家庭的重要资产；对于国家来说，宅基地是重要的资源。因此，宅基地（使用权）同时具有居住保障和资产资本的双重功能④。

1963 年，中共中央发布了《关于各地对社员宅基地问题作一些补充规定的通知》，详细规定了宅基地制度的五点核心内容："集体所有+农户使用+无偿取得+限制流转+面积管制"。赵树枫⑤对此进行了高度概括，总结为"一宅两制、房地分离、无偿取得、长期使用"，基本抓住了中国农村宅基地制度的核心要素。

之后，在中国经济社会制度的整体变革过程中，宅基地制度始终围绕"集体所有+农户使用+无偿取得+限制流转+面积管制"等核心内容，在操作层面不断进行完善和推进。逐步发展为农民集体所有制下的"一户一宅"使用制度，并在后期人多地少的地区提倡实行"户有所居"的居住保障制度。除了这些方面，宅基地制度在其他方面几乎没有任何进展，成为各项土地制度改革中最为滞后⑥且利益争议最大⑦的一项土地制度安排。

---

① 刘守英．农村宅基地制度的特殊性与出路［J］．国家行政学院学报，2015（3）：18-24+43.

② 刁其怀．宅基地退出概念辨析［J］．中国土地，2017（3）：32.

③ 徐忠国，卓跃飞，吴次芳，李冠．农村宅基地问题研究综述［J］．农业经济问题，2019（4）：28-39.

④ 胡振红，叶桦．农村宅基地转让制度改革目标有总体方案研究［J］．贵州社会科学，2018（4）：147-156.

⑤ 赵树枫．改革农村宅基地制度的理由与思路［J］．理论前沿，2009（12）：10-12+15.

⑥ 刘守英．城乡中国的土地问题［J］．北京大学学报（哲学社会科学版），2018（3）：79-93.

⑦ 胡新艳，罗明忠，张彤．权能拓展、交易赋权与适度管制——中国农村宅基地制度回顾与展望［J］．农业经济问题，2019（6）：73-81.

## 二、宅基地制度改革

1. 制度与制度变迁

主流制度经济学中关于“制度”的定义有很多种，如舒尔茨[①]将制度定义为一种涉及社会、政治及经济行为的行为规则；青木昌彦[②]认为制度是关于博弈如何进行的共有信念的一个自我维持系统；柯武刚和史漫飞[③]将制度定义为人类相互交往的规则，并将其分为从人类经验演化出来的“内在制度”和被自上而下地强加和执行的“外在制度”……因此，要给制度下一个统一的定义肯定是做不到的。

或许正因如此，有学者认为，从各个学科“制度”概念的交集来看，制度通常指稳定重复的规则[④]，这种规则可以是正式的，如宪法、产权制度和合同等；也可以是非正式，如行为规范和社会习俗等。通常情况下，即便是在最发达的经济体系中，非正式制度也约束着人们行为选择的大部分空间，而正式制度只决定着行为选择总体约束的一小部分。

严格地说，本书研究对象中的制度（农村宅基地制度），更像是一种公共政策。所谓公共政策，是指通过政治的和集体的手段系统地追求某些目标。然而，在制度经济学家看来，政策行动本身就可以看作制度变革过程，两者具有相互包容性。例如，有学者认为，制度经济学是厂商理论与政策分析的补充，关注的是制度选择与人类行为之间的联系，而生产经济学则关注行为与产品及服务产出之间的联系，因而制度经济学对政策分析的影响更大……制度分析包括经济性、权力与知识三个层次的分析。经济性回答的问题是什么制度更有效？权力分析回答的问题是在经济性的规程中谁的偏好更重要？谁有什么可以交易？哪个制度更为有效地满足谁的目

---

① T. W. 舒尔茨．制度与人的经济价值的不断提高［A］．参见 R. 科斯等．财产权利与制度变迁——产权学派与新制度学派译文集［C］．上海：上海三联书店，上海人民出版社，2005：253.

② 青木昌彦．比较制度分析［M］．上海：上海远东出版社，2001：28.

③ 柯武刚，史漫飞．制度经济学：社会秩序与公共政策［M］．韩朝华译．北京：商务印书馆，2004：36-37.

④ 胡仕勇．制度嵌入性：制度形成的社会学解读［J］．理论月刊，2013（1）：158.

的？知识分析回答的问题是偏好和目标如何形成？技术和制度如何变化？[①] 公共政策分析同样要回答这些问题，如政策目标、政策选择、政策执行及其偏差、政策绩效等。因此，制度经济学家普遍关注公共政策与制度之间的互动关系[②]。

就此而言，当下正在进行的农村宅基地制度试点改革，其实质是一种公共政策行动，但在制度经济学视野里也是一种制度变革。因此，本书遵循中央及地方上的有关农村宅基地制度试点改革的主流话语，将本次公共政策行动仍称为"……制度改革"。

2. 强制性制度变迁

从西方新制度经济学理论视角看，本轮宅基地制度试点改革属于一项由政府主导推动的制度变迁，即要在短时期内在改革地区注入新的具有强制力的正式制度，属于强制性制度变迁。当正式制度注入前，调节宅基地资源配置的非正式规范早已存在并发挥作用；新的正式制度注入后，必然会与已有的非正式规范产生交互作用：两种制度协调则会产生互补的效应，反之则会产生制度冲突。与之相对应的是诱致性制度变迁。诱致性制度变迁是由个人或一群（个）人，在响应获利机会时自发倡导、组织和实行的制度变迁；与此相对，强制性制度变迁则由政府命令和法律引入和实行[③]。诱致性制度变迁难以排除外部性和"搭便车"等问题的干扰，且往往因谈判成本高和实施难度大而导致制度供给不足；与此不同，强制性制度变迁能够有效降低制度的实施成本，在制度供给方面具有规模效应，因而往往居于主导地位。

但是，强制性制度变迁也有若干不足：一是所推行的新制度多是政府

---

① 阿兰·斯密德．制度与行为经济学［M］．刘璨，吴水荣译．北京：中国人民大学出版社，2004：27.

② 柯武刚，史漫飞．制度经济学：社会秩序与公共政策［M］．韩朝华译．北京：商务印书馆，2004：38.

③ 林毅夫．关于制度变迁的经济学理论：诱致性变迁与强制性变迁［A］．参见 R. 科斯等著．财产权利与制度变迁——产权学派与新制度学派译文集［C］．上海：上海三联书店，上海人民出版社，2005：371-403.

意志的产物，满足的也是政府一方的利益偏好，难以获得其他利益相关者的一致同意，由此容易招致制度变革受众（非正式制度）的强硬反对，或遭遇到“上有政策、下有对策”式的柔性抵抗，使新推行的制度变质走样。二是面对不确定的未来，且受信息不完全及社会科学专业知识不足的影响，政府的理性必然受到制约（有限理性）；在这种情况下，由政府所推动的强制性制度变迁有时会出现制度供给过剩，有时又会出现供给不足；新推行的制度还可能很快变为一种过时无效的制度；如此种种情况，均有损制度变革的效率目标。三是公共经济学理论表明，政府及其代理人（公职人员）并非大公无私，在行使公职的过程中难免掺有私人利益诉求；在这种情况下，由政府推动的强制性制度变迁往往是一种“非帕累托改进”，即制度变革使一部分人利益增加的同时，却要以另一部分人的利益损失为代价，有损制度变迁的公平性。为了有效规避强制性制度变迁的上述不足及其危害，政府应创设一种有利于各方合作博弈的民主协商机制，以倾听受众的声音，适当满足他们的利益诉求，寻求政府与民众利益的契合点，吸引民众参与到制度变革中来，提高制度变迁的效益。①

从方法论的角度来说，西方新制度经济学囿于新古典范式，其制度分析策略具有如下两个特点：一是在个人主义方法论的基础上坚持理性选择模型，从而将制度变迁简化为两种制度之间的比较静态分析②；二是从信息角度（理性计算）而不是从知识（建构）的角度③理解制度的意义和价值，由此决定了西方新制度经济学的理论局限性。即强制性制度变迁分析范式虽然也会关注原有非正式制度对新注入正式制度的干扰作用，但却是从制度规范或改变个体行为（偏好）的角度来理解这种干扰作用的，看不到个体行为的干扰本身是由其所处社会结构所决定的，更看不到新注入的正式制度本身在嵌入原有社会结构的过程中，会被重新建构而生成有别于

① 梁木生，彭伟．论强制性制度变迁的弊端及其应对［J］．湖北经济学院学报，2005（6）：92-95.

② 周业安，杨祜忻，毕新华．嵌入性与制度演化——一个关于制度演化理论的读书笔记［J］．中国人民大学学报，2001（6）：58-64.

③ 柯武刚，史漫飞．制度经济学——社会秩序与公共政策［M］．北京：商务印书馆，2004：61.

其原有文本意义的新制度的过程。

因此，主流的新制度经济学的强制性制度变迁理论，难以胜任本书的研究任务，需要进一步寻找理论依据，并创建本书分析框架。

## 第二节　理论依据I：制度绩效分析（SSP）框架

### 一、SSP框架内容

从理论上说，任何一项制度变革都会受到众多因素的影响，包括（标的物）物品本身的特性、制度内容及其运行环境、决策团体的组织结构及其议事规则等，因此，要探索一项制度改革的运作机理，必须依靠一个能够包含上述影响因素的解释性分析框架。美国的 Allan A. Schmid（1999，2004）① 所构建的 SSP（状态—结构—绩效）制度绩效分析框架符合上述要求。

SSP 框架包括状态、结构和绩效三个部分②。状态（Situation）主要指（标的物）物品的特性及其对于人的行为和福利关系的影响。尽管从长期的技术变革视角来看，物品的特性可能会发生变化，但在制度绩效的分析中，它们是假定不变的。而且，不同的物品特性决定了人们之间不同的相互依赖关系，包括物质（技术）上、心理上、金钱上（市场价格效应）或

---

① 爱伦·斯密德（Allan A. Schmid）教授先后在两本著作中论及 SSP 分析框架，一本名为《财产、权力和公共选择——对法和经济学的进一步思考》，黄祖辉等译，上海：上海三联书店，上海人民出版社，1999 年版；另一本名为《制度与行为经济学》，刘璨、吴水荣译，中国人民大学出版社，2004 年版。前一本书的译者将作者姓名译为爱伦·斯密德，后一本书的译者则译为阿兰·斯密德。本书沿用前一本书译者的译法。

② 本段主要参考了 A. 爱伦·斯密德著，黄祖辉等译的《财产、权力和公共选择——对法和经济学的进一步思考》（上海三联书店，上海人民出版社，1999）一书中的相关内容。

政治上的相互依赖性。结构（Structure），既包括静态的制度内容，也包括动态的制度实施方式。前者主要指新推行的行为规则，如合同规则、制定规则的规则等；后者则主要关注这些规则是如何被推行的，包括制度实施主体及其权力结构，制度实施受体及其权力结构，以及制度实施方式即交易类型（谈判型、管理型和身份—捐赠型）等。绩效（Performance），着重指新推行的制度规则是如何改变了财富和机会在不同个体或团体间的分配状况；具体是要指明自由、效率或 GNP 增长是对哪个团体或个体有利。

Schmid（2004）认为，制度绩效分析应从观察人们的相互依赖性出发。状态变量描述了物品的内在特性，是人们相互依赖性的根源；结构是指人们选择的制度方案（正式的或非正式的），以此确定（控制和引导）由状态所决定的相互依赖性；如果非正式制度变化非常缓慢，人们则会进行短期正式制度备选方案的影响（绩效）分析。无疑把三者联系起来的关键性变量是人类的相互依赖性，因为，物品的特性决定了初始状态下的相互依赖性，制度（结构）控制和引导这种相互依赖性，控制和引导的结果就是制度绩效。

## 二、SSP 框架操作

SSP 框架成功揭示了制度变革运行机理，结合农村宅基地制度试点改革实践，可构建一个有关农村宅基地制度试点改革机理的解释性分析框架，如图 2-1 所示。

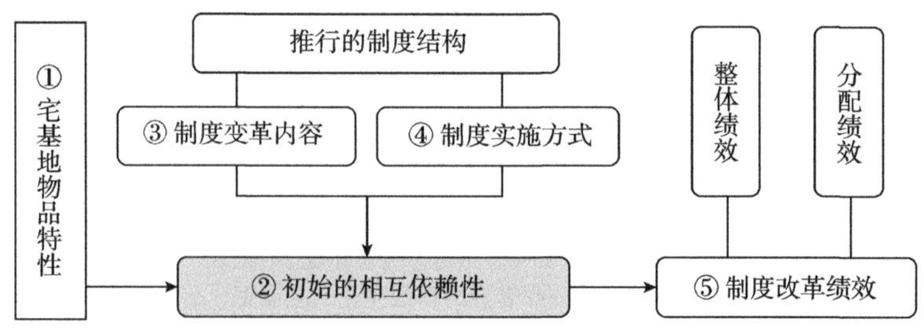


**图 2-1　农村宅基地制度试点改革机理的 SSP 分析框架**

图 2-1 中的箭头显示了制度改革机理及绩效的生成过程，主要有三个分析步骤和五个方面的分析内容：第一步是状态分析，包括①界定某地农村宅基地的物品特性；②分析由该物品特性所决定的初始相互依赖性。第二步是结构分析，包括③梳理某地所推行的相关制度内容及其对初始相互依赖性的控制和引导情况；④梳理某地所推行的制度实施方式，此即制度内容控制和引导初始相互依赖性的实际力量。第三步即⑤，依据 SSP 框架对生成的绩效进行分析，包括整体改革效果和改革利益在各相关主体之间的分配情况。最后，依据 SSP 框架总结了宅基地制度改革机理，进一步讨论了它的推广价值。

## 第三节 理论依据Ⅱ：制度分析与发展（IAD）框架

制度分析与发展（Institutional Analysis and Development，IAD）框架，由 2009 年诺贝尔经济学奖得主 Ostrom 领军的学者团体创建，其目的是通过建构一个普遍性的分析框架，将政治学、经济学、人类学、社会心理学及其他对制度激励感兴趣的学者融为一体。[①] 该框架最早于 1982 年提出，起初应用于研究南加州的地下水盆地的治理，后被大量运用于公共池城资源的研究[②]。其主要贡献是颠覆了一个主流的经济学观点，即认为公共财产只有交由中央权威机构管理或者完全私有化后才能被有效管理，同时证明了在自主治理模式当中，可以通过合理的制度安排取得良好的治理绩

① Ostrom E. Institutional Rational Choice：An Assessment of the Institutional Analysis and Development Framework ［M］ //Paul Sabatier( ed. )，Theories of the Policy Process，2nd，edited by Paul Sabatier，Westview Press，2007：21-64.

② 王群．奥斯特罗姆制度分析与发展框架评介［J］. 经济学动态，2010（4）：137-142.

效，这种绩效甚至比主流的理论模型预测还要好①。随后，IAD 框架被广泛应用到各种实际情境的分析，包括土地资源。经过数十年大量的实际应用检验，该分析框架不断完善，成为一个具有一般性的分析框架，可广泛用来分析人类的行动选择②。

## 一、IAD 框架构件

完整的制度分析与发展框架包括七组构件：一是三组刻画外部环境的变量，包括自然物质条件、共同体属性和应用规则。其中应用规则最为重要，Ostrom 定义了与行动情景七大要件相应的七大规则（见图 2-3）。IAD 框架的基本功能，就是帮助研究者有条理地分析，外部规则是如何影响内部规则，进而影响制度结果的。二是两组刻画内部行动的变量，包括行动情境和参与者。行动情境是指直接影响行为过程的（制度）结构，是行动者所采取的行动或策略空间。分析者通过对行动者的偏好、信息处理能力、选择标准、资源占有程度及决策机制等假设，构建一个行动者模型，并由此推测其行为及相应结果。当然，当将 IAD 整合进一个更广泛的社会生态系统框架时，不可能保留行动者和情景这样细致的区分。三是两组刻画制度产出的变量，包括相互作用模式及行动结果（产出）。行动情境和行动者合称为行动舞台，是指一个广泛存在于公司、市场、地方、国家、国际等各种和各级事务中的社会空间。在行动舞台中，行动者在三组外部变量的制约和刺激下，为争夺利益而做出某种斗争或合作的行为，此即相互作用模式，斗争或合作的行动结果即为制度产出。图 2-2 直观描述了上述七组构件的相互关系。

① Ostrom E. Governing the Commons: The Evolution of Institutions for Collective Action [M]. Cambridge University Press, 1990.

② 王亚华．增进公共事物治理——奥斯特罗姆学术探微与应用［M］．北京：清华大学出版社，2017（3）：113.

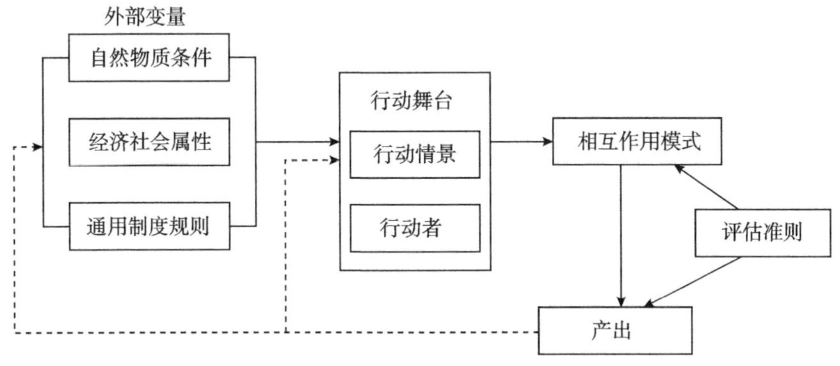


**图 2-2　制度分析与发展（IAD）框架**

## 二、IAD 框架原理

行动情境的内部结构包括：一是行动者。二是岗位，即参与者的身份定位。三是行动，实质是规则允许的行动集合，行动的结果即是潜在产出。四是信息，指参与者可得到的关于行动情境结构的相关信息。五是控制，指每个参与者对决策的控制力。六是成本和收益，这是行动者为或不为某类行动的激励因素。七是潜在产出，与个体行为直接关联。除这 7 组变量外，一个行动情境是一次性的还是重复性的互动结构也有一定的重要性，因为它们可能会导致个体行为的改变。

与上述 7 组变量相对应的是 7 类规则，它们是直接影响行动情境的可操作的外生变量，或称“行动情境”的外部结构，其实质是在某特定环境中建立行动情境的指令。Ostrom 将规则分为 7 类，即边界规则（进入或退出的规则）、位置规则（或称身份规则或岗位规则）、选择规则（行动集合）、信息规则、聚合规则（拥有某身份的个体对结果的控制力）、偿付规则（回报与制裁）、范围规则（可能结果的集合）。

行动情境主要由 7 组内部变量和 7 个外部规则构成。行动情景的内部结构如图 2-3 所示。

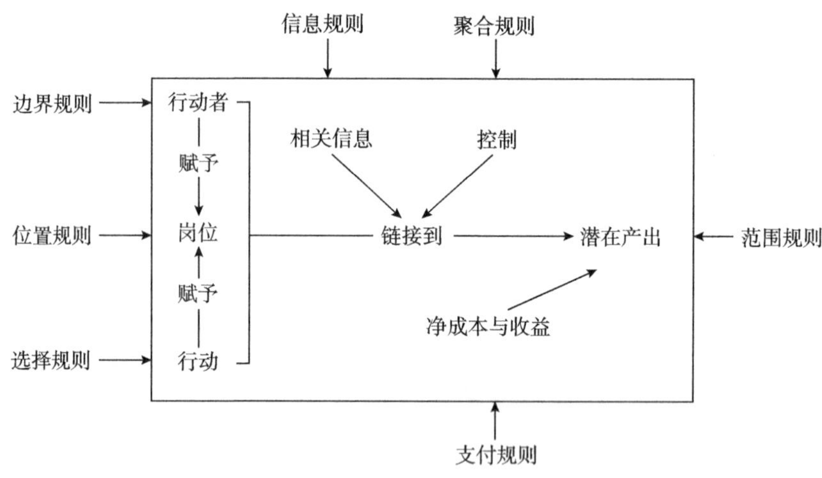


**图 2-3 行动情境的内部结构和外部规则**

在一个行动情境内，7 类规则并不一定全部存在，任何一类或多类规则都可能缺失，使对应的变量处于没有规则直接约束的默认状态，进而牵连其他变量。如果一个行动情境内没有任何规则，那么这个行动情境处于霍布斯自然状态，势必会导致秩序的混乱和参与者行为的非理性化。另外，某一外部规则和同类内部变量虽有一一对应关系，但并不代表该类规则仅仅作用于一组变量；它会同时间接作用于其他变量，从而对行动情境的整体结构产生一定作用。因此，Ostrom 认为，致力于制度的改革往往就是制定或调整影响行动情境的规则。

## 三、IAD 框架操作

Ostrom（2005，2007）①② 展示了 5 种常见且相对有效地利用规则改变达到公共资源自主治理的分析策略。

---

① Ostrom E. Understanding Institutional Diversity［M］. Princeton University Press，2005.

② Ostrom E. Multiple Institutional for multiple outcomes［M］//Smajgl & Larson（ed.），Sustainable Resource Use. Sterling，VA：Earthscan，2007.

1. 通过边界规则改变资源使用者特性

边界规则大致分为三类：一是以资源使用者的住所地和会员资格为依据；二是关于资源使用者的自然属性（年龄、性别等）和后天属性（受教育程度和技术水平）；三是要求参与者和资源之间通过满足一定条件而产生相应的关系。研究表明，使用至少任何一种边界规则都比不使用任何边界规则更有可能较好地解决公共池塘资源问题。

2. 通过身份规则创建监督体制

很多公共池塘资源自主治理制度会创建资源护卫者或监督者这样的身份。研究表明，在治理林地资源时，资源使用者出资创建和维持护卫队的做法能有效防止林地资源退化。很多沿海渔民使用短波交流信息，将其所见的违法船只或者捕鱼方式通知其他渔民，形成有效的集体监控模式。

3. 通过选择规则改变容许的行为集合

对资源的分配选择规则包括两个部分：分配方式及其所基于的资产情况。分配方式在时间、地点、数量、质量上限定占用者的开采行为。资产情况作为分配方式的基础，包括资源占有数量或份额、历史原因、开采者依据地、从竞拍或抽签中获得的资源占用权；另外，工艺技术、政府颁发的许可证、使用者的实际需求（如种植何种农作物），也是资产情况。

4. 通过偿付规则和身份规则改变结果（产出）

规范公共池塘资源开采的途径之一是，在偿付规则中加入惩罚性规则，包括罚款、剥夺占用权利和监禁。与身份规则密切相关的边界规则和选择规则决定了监护和制裁手段的难易程度。例如，某些水域在每年特定时期实施禁渔以保证鱼类生长繁殖，使整个生态系统在不被打扰的情况下自我更新，这期间进行的违规捕鱼活动也很容易被发现，且遭到处罚。

5. 通过信息规则、范围规则和聚合规则改变结果（产出）

信息规则、范围规则和聚合规则是其他四类规则的补充。信息的交换、公开及传递由众多规则来规范，直接影响对资源的利用和监管结果。范围规则可以被用来确立保护区，或确立资源利用者之间的关系。有研究表明，资源使用者越互相信任、互惠，那么就越有可能建立和维持一个相对成功的公共池塘资源自主治理体制。Ostrom（2005）[①] 指出，在一个行动情境内，地方政府常常是一个关键的参与者，它并不一定直接参与治理，但应该给予资源自主治理体制资金、技术和信息的支持，对规则的制定、修改和执行，都起到不可替代的作用。

## 第四节　本书分析框架

### 一、主流框架的互补性分析

仔细分析两个框架发现，IAD 框架和 SSP 框架实有异曲同工之处，两者是一个相互补充的关系。主要体现在三个方面：

1. SSP 框架中的状态是对 IAD 框架中的外部变量的拓展

承前可知，在 Schmid 的视野中，状态（Situation），主要指（标的物）物品的特性及其对于人的行为和福利关系的影响。首先，物品特性包括物品所固有的物理和生物学特性，这相当于 IAD 框架中的自然物质条件。其次，物品特性也包括物品的非兼容性使用、规模经济、共亲性、交易成本、剩余以及波动性供求等经济社会属性。尽管从长期的技术变革看，这些特性也许会发生变化，但在制度绩效的影响分析中，它们是给定的。最后，SSP 框架指出，不同的物品特性带来不同的人类相互依赖关系，包括人们在物质（技术）上、心理上、金钱上（市场价格效应）或政治上的相互依赖性，这一点有效拓展了 IAD 框架。

2. IAD 框架中的七大规则细化了 SSP 框架中的结构变量

承前可知，在 Ostrom 的视野中，行动情景包括 7 组内部结构变量及

① Ostrom E. Understanding Institutional Diversity [M]. Princeton University Press, 2005.

7类可操作的外部规则，包括边界规则（进入或退出的规则）、身份规则（赋予岗位）、选择规则（行动集合）、信息规则、聚合规则（拥有某身份的个体对结果的控制力）、偿付规则（回报与制裁）、范围规则（可能结果的集合）。制度改革过程实质上就是制定或调整影响行动情境的规则，相当于SSP框架中的结构，包括静态的制度文本内容和动态的制度实施方式。无疑，IAD框架彻底打开了SSP框架中的结构“黑箱”，是结构的细化和具体化。

3. SSP框架中的绩效具体化了IAD框架的产出

承前可知，在Schmid的视野中，绩效（Performance）是指既定状态下权利选择的函数，强调的是财富和机会在不同的个人或团体间的分配。传统的以自由、效率和经济增长为绩效考察的标准被认为过于抽象。因为现实世界中个人（团体）之间存在利益冲突，抽象地谈论自由、效率和GNP增长对于绩效的评价是没有意义的，必须表明所指的自由、效率和GNP增长是对谁或哪个团体有利，现实中不可能存在一种不偏袒任何一方的权利结构。因此，SSP框架中的绩效（Performance）包括整体性绩效和分配性绩效，由此拓展了IAD框架的产出概念。

## 二、主流框架的应用性拓展

传统社会科学研究传统偏好采用要素分解或称解析分析方法，倾向于将整体分解成部分（要素），从部分之间、部分与整体之间的联系和区别中寻找事物构成和发展的规律。IAD框架和SSP框架即是这样，由此产生一个缺点，即缺乏一个概念变量，以表达新推行的制度结构（SSP）或外部规则（IAD）如何与前置的自然经济社会条件（IAD）或状态（SSP）相耦合的机制。

新经济社会学对制度的分析是一种嵌入性分析，认为经济制度不会以某种必然发生的形式从外部环境中自动生成，而是被社会建构的①；经济

① 马克·格兰诺维特. 作为社会结构的经济制度：分析框架［J］. 梁玉兰译. 广西社会科学，2001（3）：90-95.

制度是一种社会性建构[①]。制度的嵌入往往是一个宏大的、多重因素交织在一起的整体性的构造过程[②]。而且，国家可以通过一定的制度安排将国家嵌入社会或者让公众参与公共服务，实现国家与社会共治[③]。因此，嵌入性分析是对传统社会科学研究传统的一种革新，将所要研究的问题（无论是经济、政治、行为）与社会结构联结起来，在嵌入性中探寻事物的根本属性和发展变化规律。

引入“嵌入性”这个概念时存在两个有待解决的问题：一是概念的操作性问题。即 A 嵌入于 B 后，是否可以分别分析出它们进行对比分析？如果可以分析出，则为可分析策略；反之则反是。二是嵌入的层次或范围问题。由于格兰诺维特区分了关系性嵌入和结构性嵌入两种形式，由此带来的问题就是嵌入究竟是指哪一种？前者是指行为主体嵌入人际关系之中，其行为受到人际关系的显著影响，这一条学术脉络后来发展为社会资本理论；后者是指行动者嵌入更为广阔的社会结构网络中，在这种嵌入中，个体行为受到非正式制度，如文化和传统等社会背景性因素显著的影响。

现实中，对宅基地制度试点改革绩效产生影响的因素，不仅有传统村落环境、村居习俗等社会背景性因素，还有土地资源禀赋、经济发展状况等经济性因素。因此，前述结构性嵌入概念中的结构除有社会背景性因素外，还应当包括更广泛的外延，尤其包括土地要素及其他经济资源的禀赋状况等经济方面的因素，因而使用社会经济结构界定制度嵌入的环境可能更为恰当。本书将这种既嵌入社会结构又嵌入经济环境的制度嵌入简称为“双重嵌入”。

综上所述，本书采取可分析策略及双重嵌入的分析思路，厘清嵌入式制度变革的逻辑路径，具体表现为“外部制度（文本意义上的制度）嵌入→新旧制度冲突→新旧制度耦合→新制度生成（文本意义具体化与实施

① Granovetter M, Swedberg R. The Sociology of Economic Life [M]. Westview Press, 1992: 6-19.

② 胡仕勇．制度嵌入性：制度形成的社会学解读［J］．理论月刊，2013（3）：157-160.

③ Evans P. State-Society Synergy: Government and Social Capital in Development [M]. Berkeley: University of California, 1997.

方式在地化）”的社会化性的建构①过程，直观如图 2-4 所示。

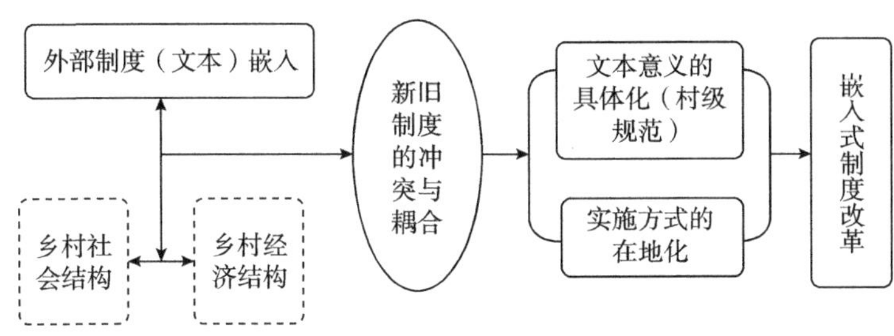


**图 2-4　制度嵌入影响制度变革的逻辑路径**

## 三、本书分析框架：SSEAP

由于制度嵌入影响制度变革的结果是新制度生成，在这个过程中，制度文本上的意义被具体化，实施方式被在地化，从而对初始的相互依赖性产生作用，由此影响制度绩效。据此，可通过引入嵌入（Embeddedness）这一概念工具，运用 IAD 框架中的七大规则对 SSP 框架中的制度结构予以细化和具体化，可发展出一个 SSEAP 分析框架，借此分析中国农村宅基地制度试点改革案例。

其中，第一个 S 指状态（Situation），与 SSP 框架保持一致；第二个 S 指结构（Structure），与 SSP 框架保持一致；E 是指制度嵌入（Embeddedness），具体内涵前文已述；A 指情景式行动（Actions），意味着要对 SSP 框架中的结构（Structure）进行分析并得到七大外部规则，这些规则与 IAD 框架是一致的。P 指制度变革绩效（Performance），与 SSP 框架保持一致。SSEAP 框架的内部结构及逻辑关系，直观如图 2-5 所示。

---

① 甄志宏．从网络嵌入性到制度嵌入性——新经济社会学制度研究前沿［J］．江苏社会科学，2006（5）：97-100.

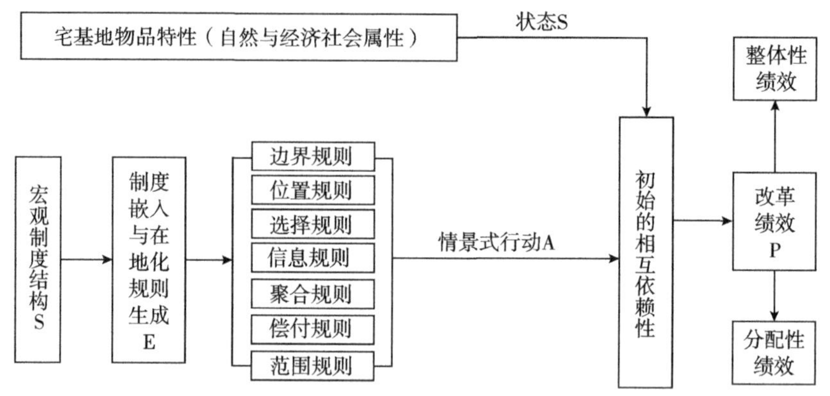


**图 2-5　宅基地制度改革案例分析框架：SSEAP**

图 2-5 显示，本书研究将从下列 5 个维度分析试点地区推进宅基地制度改革所形成的一般模式（共性），并对模式类型（个性）进行比较。

1. 状态分析（S）

主要任务是系统了解试点地区的宅基地物品物性及由其所决定的关于宅基地资源占用方面的初始相互依赖性，以此精准把握试点地区宅基地制度改革所面临的外部环境（或称状态，Situation）。主要内容包括：一是试点县（市、区）的人口、产业及经济发展状况比较；二是国土资源禀赋比较；三是农村居民占用宅基地资源的历史和现状比较（初始的相互依赖性）。

2. 中央宏观制度结构嵌入县级单元后的在地化规则生成（S+E）

调研发现，试点地区会根据中央相关文件精神制定适用于本地的宅基地试点改革制度体系。为此，本书研究不仅要了解中央关于宅基地制度改革进行的顶层设计内容，还要了解试点县（市、区）所推行的宅基地制度改革制度文本内容。主要任务包括：一是中央试点改革目标、任务和内容（主要为“五探索、两完善、两健全”）。二是试点县（市、区）所定的改革目标任务、制度内容（主要在乡村振兴视野下分析村庄规划、权益保障和依法取得、有偿使用制度、有偿（或无偿）退出、“三权分置”与宅基地流转等内容）。三是将试点地区拟推行的制度规则细化为若干规则，包括边界规则、位置规则、选择规则、信息规则、聚合规则、偿付规则和范围规则。当然，在实际的阐述过程中，可能更多地会使用当地使用的制度性语言。

3. 在地化规则约束条件下村级宅基地制度改革情景中的行动分析（A）

主要研究内容包括：一是制度规则嵌入村庄的情况，目的是了解县（市、区）级制度下沉过程中所发生的制度耦合即制度的社会建构情况，具体体现为“村级宅基地制度改革实施方案”；二是各试点地区为推进宅基地制度改革所进行的组织创新（或称体制创新）；三是分析各试点地区为推进宅基地制度改革所进行的利益交换机制；四是博弈分析：描述各利益相关者（县〈市、区〉、乡、村、组、农民）的行为动机、策略空间、行为互动及博弈均衡，以精准刻画制度下沉至村进而因村制宜予以实施的必然性。

4. 制度绩效（P）分析

绩效（Performance）着重指新推行的制度规则是如何改变了财富和机会在不同个体或团体间的分配状况。为此，本维度的主要研究内容包括：一是整体性绩效分析和比较：主要分析和评价该试点地区是否完成了中央所定的改革目标和改革任务；二是分配性绩效的分析和比较：站在县（市、区）、乡、村三级政府、乡村干部、村民理事、农户等各利益相关者立场，分析他们在本轮宅基地制度改革当中的利益获得和受损情况。

## 本章小结

本章共四节，逐步完成了概念界定、相关理论回顾和分析框架构建三个重要的研究任务。具体而言，本章的分析思路是：宅基地→宅基地制度→宅基地制度特征→宅基地制度改革→主流制度改革分析框架（理论支撑）→本书分析框架。

第一节界定了宅基地制度和宅基地制度改革等核心概念，为寻找本书研究的理论支撑，进而构建本书的分析框架奠定了概念基础。

第二节系统回顾了美国制度经济学家 Schmid 教授创建的“状态—结构—绩效”（SSP）的制度绩效分析框架，具体分析了其主要内容及分析流程。这一理论框架通过状态、结构和绩效的关系链条，深入探讨了制度变迁对经济绩效的影响，是本书创建分析框架的一个重要理论依据。

第三节则详细回顾了诺贝尔经济学奖得主 Ostrom 创建的制度分析与发展（IAD）框架，分析了其主要内容和应用时的分析流程。IAD 框架通过对行动情境、参与者及其互动规则的分析，揭示了制度变迁过程中各利益相关者之间的互动机制，是本书分析框架构建的第二个重要理论依据。

第四节在比较 SSP 框架和 IAD 框架的基础上发现了二者之间的高度互补性，同时指出二者均未充分考虑制度嵌入乡村社会过程中的制度建构现象。为此，借鉴了新经济社会学的制度嵌入理论，并在 SSP 框架基础上，结合 IAD 框架中的 7 类规则，将 SSP 框架中的制度结构予以具体化或细化，创建了适用于中国宅基地制度改革案例分析的 SSEAP 分析框架。

总之，本章通过跨学科研究，将经济学、管理学和新经济社会学中的制度变革理论框架予以分析、比较和整合，创建了一个适用于中国宅基地制度试点改革案例的分析框架。这一理论探索为后续的实证分析奠定了坚实的理论基础，并为理解和解释中国农村宅基地制度改革中的复杂现象提供了有力的工具。

# 第三章

# 通用模式类型：第一轮宅基地制度改革的全国性考察

本书的研究对象是新一轮宅基地制度改革典型案例，但凡承担新一轮宅基地制度改革任务的试点县（市、区），均会全力学习第一轮宅基地制度改革方法和路径。因此，本章的研究任务是要全面回顾和分析第一轮宅基地制度改革模式，为新一轮宅基地制度改革典型案例分析奠定基础。为达此目的，本章首先回顾学界关于宅基地制度改革模式的研究，提出本章研究任务；其次，分析第一轮宅基地制度改革模式的形成机理；再次，依据模式形成机理，分析宅基地制度改革模式的应然类型；最后，依据团队对第一轮宅基地制度改革 50 余村的田野调研，分析宅基地制度改革模式的实践形态。

## 第一节　问题的提出

2015 年初至 2019 年底，全国共有 33 个试点县（市、区）顺利完成了第一轮宅基地制度试点改革。紧接着，新一轮试点改革又在全国展开，试点地区拓展为 104 个县（市、区）和 3 个设区市，试点期限为 2020～2022 年（后延至 2024 年 4 月）。迄今，两轮试点地区各自探索了不同的宅基地制度改革模式，亟须理论界予以总结和提炼，为进一步的案例分类和奠定基础。

已有研究主要围绕宅基地制度改革的基底条件、宅基地退出、“三权分置”及功能转型等主题探索宅基地制度改革模式类型，取得丰硕成果。其一，基于基底条件，在应然层面将首轮承担宅基地制度改革专项任务的15个试点县（市、区）的改革模式分为基本保障型、规范管理型、有偿退出型和市场主导型4种类型①。其二，基于不同标准提出或研究②③多种宅基地退出模式，有的提出宅基地换房、收储和市场化交易3种模式④；有的提出“双放弃”、土地综合整治、地票交易、货币化补偿及宅基地收储5种模式⑤；有的提出宅基地置换、指标交易、宅基地虚拟化和生态移民整村搬迁4种模式⑥；有的提出资产置换、货币补偿、以地养老和土地入股4种模式⑦；有的提出嘉兴“两分两换”、天津宅基地换房、重庆“地票交易”、苏州“三集中”、成都土地综合整治5类模式⑧。其三，围绕宅基地“三权分置”，有的概括出象山模式和义乌模式⑨；有的提出宅基地换房、入市交易、入股和出租转让模式⑩。其四，基于宅基地功能转型，认

---

① 李浩媛，段文技．中国农村宅基地制度改革的基底分析与路径选择［J］．世界农业，2017（9）：15-20.

② 郑兴明，雷国铨．农村宅基地退出改革的实践进展、成效审视与推进路径——基于三个典型试点地区的比较分析［J］．经济体制改革，2022（4）：73-79.

③ 余永和．农村宅基地退出试点改革：模式、困境与对策［J］．求实，2019（4）：84-97.

④ 魏后凯，刘同山．农村宅基地退出的政策演变、模式比较及制度安排［J］．东岳论丛，2016（9）：15-23.

⑤ 刁其怀．宅基地退出：模式、问题及建议——以四川省成都市为例［J］．农村经济，2015（12）：30-33.

⑥ 王利敏，孙静，吴明发．皖北平原区农村宅基地退出模式构建——基于国内实践［J］．江苏农业科学，2016（2）：475-478.

⑦ 曲衍波，柴异凡，朱伟亚等．基于“诊断—设计—结果”框架的农村宅基地退出模式原型分析［J］．资源科学，2021（7）：1293-1306.

⑧ 孙雪峰．农村宅基地退出：主要模式、驱动机理与政策设计［D］．南京农业大学博士学位论文，2019.

⑨ 夏柱智．面向乡村振兴的宅基地“三权分置”：政策解析、基本模式和实践困境［J］．贵州社会科学，2021（9）：162-168.

⑩ 林宣佐，王光滨，郑桐桐等．农村宅基地“三权分置”的实现模式及保障措施分析［J］．农业经济，2020（11）：94-96.

为有旅游资源带动型、村内集约改造型及易地搬迁复垦型3种模式①；以期通过整合碎片化的闲置宅基地，构建新型宅基地共享机制②。

已有研究的不足主要体现在两个方面：一是早期文献主要关注县级层面的宅基地制度改革类型，这与现实中各地以村庄为基本单元探索宅基地制度改革模式的实践方式不符；二是后期文献虽然关注了村级模式，但主要依据某个主题对其进行分类，忽视了村庄宅基地制度改革的整体性推进特征。

为弥补该不足，本章分三步推进已有研究：一是从中央政策精神出发，探明村庄整体性推进的宅基地制度改革模式多样化的形成机理；二是基于宅基地制度改革模式的形成机理，运用规范的模式识别方法，在理论上识别出应然模式类型；三是基于全国性的实地调研，探明各类应然模式的实践形态，阐述其对于进一步改革的指导价值。

## 第二节　宅基地制度改革模式的形成机理

模式是指事物的标准样式或使人可以照着做的标准样式（现代汉语词典）。从概念逻辑上讲，模式可先分为两大类：一是实物模式，以对客观实物进行模拟；二是形式模式，以对真实世界进行抽象刻画③。形式模式还可分为数学模式、语义模式及行动模式3种子类型。本章研究的主要是行动模式。现实中，人们会根据实际情况调整行动模式的结构和要素，实现共性（模）和个性（式）的有效衔接，由此形成多种模式类型。据此，遵从“共性→个性→模式”的逻辑路径，可以探索出试点改革模式的形成原因。

---

① 刘琪，徐小峰，杨春梅等．乡村振兴背景下宅基地功能转型机理与模式研究——基于典型村庄的案例分析［J］．中国土地科学，2020（6）：84-93.

② 王庆，王震．构建新型宅基地共享机制——对农村共同富裕实现机制的探讨［J］．江西社会科学，2022（5）：80-89.

③ 查有梁．什么是模式论？［J］．社会科学研究，1994（2）：89-92.

## 一、顶层设计规定了试点改革的共遵要件（共性）

自2014年12月以来，中央有关部门陆续印发多项重要文件，对两轮试点改革进行了顶层设计，规定了试点改革务必遵循的共同要件（共性）。这些文件主要有：中共中央办公厅、国务院办公厅印发《关于农村土地征收、集体经营性建设用地入市、宅基地制度改革试点工作的意见》（以下简称《意见》）；国土资源部《关于印发农村土地征收、集体经营性建设用地入市和宅基地制度改革试点实施细则的通知》（以下简称《实施细则》）；中共中央办公厅、国务院办公厅印发《深化农村宅基地制度改革试点方案》；农业农村部办公厅印发《农村宅基地制度改革试点工作指引》。

上述文件规定的试点改革共遵守的要件主要有四个方面。其一，关于改革底线，要求必须确保土地公有制性质不改变、耕地红线不突破、农民利益不受损，坚持试点先行，总结完善后再逐步推开。其二，关于试点目标：第一轮试点改革要求建立健全依法公平取得、节约集约使用、自愿有偿退出的宅基地管理制度；第二轮试点则在宅基地"三权分置"框架下提出了更加丰富的改革目标，即为建立依法取得、节约利用、权属清晰、权能完整、流转有序、管理规范的农村宅基地制度提供实践经验。其三，关于试点任务：第一轮试点任务简称为"两完善、两探索"，即完善宅基地权益保障和取得方式、完善宅基地管理制度，探索宅基地有偿使用制度、探索宅基地自愿有偿退出机制；第二轮试点任务简称为"五探索、两完善、两健全"，即探索宅基地农户资格权保障机制、探索宅基地使用权流转制度、探索宅基地使用权抵押制度、探索宅基地自愿有偿退出机制、探索宅基地有偿使用制度、完善宅基地集体所有权行使机制、完善宅基地审批制度，健全宅基地收益分配机制、健全宅基地监管机制。其四，关于推进方式，要求以处理好农民和土地的关系为主线，以保障农民基本居住权为前提，以完善宅基地制度体系为重点，坚持先立后破、稳慎推进。

## 二、基层探索丰富了试点改革的具体样式（个性）

2015年2月27日，全国人民代表大会常务委员会《关于授权国务院在北京市大兴区等三十三个试点县（市、区）行政区域暂时调整实施有关法律规定的决定》规定，坚持从实际出发，因地制宜。《意见》规定的基本原则——坚守循序渐进中提到：要鼓励试点地区结合实际，大胆探索，积累经验。《国土资源部关于深化统筹农村土地制度改革三项试点工作的通知》也提到，坚持顶层设计与基层探索有机结合、良性互动，因地制宜大胆试、大胆闯。既要全方位推进改革，又要突出重点进行差别化探索。

2015 年 3 月 24 日，“农村土地制度改革三项试点工作部署暨培训会议”中指出，推进土地制度改革，必须明确路径选择……又要鼓励试点地区结合实际，大胆创新，探索总结出可复制、能推广、利修法的改革经验。2015 年 7 月 2 日，“农村土地制度改革三项试点工作培训会议”中也强调，（试点地区）对看得还不那么准又必须取得突破的改革，可以先进行试点，摸着石头过河，尊重实践、尊重创造，鼓励大胆探索、勇于开拓，在实践中开创新路，取得经验后再推开。2016 年 9 月 21 日“进一步统筹协调推进农村土地制度改革三项试点任务动员部署会”指出，要把鼓励基层改革创新、大胆探索作为抓改革落地的重要方法。既鼓励创新、表扬先进，也允许试错、宽容失败。

从逻辑上讲，我国幅员辽阔，各地农村初始禀赋差异巨大，经济社会发展水平不同；只要允许基层探索，各试点地区必将创新出符合顶层设计原则的个性化、多样化的实践模式。

## 三、顶层设计与基层探索的有机结合催生出多种宅基地制度改革模式

顶层设计（共性）和基层探索（个性）通过封闭运行方式得到有机结合，最终催生出多种宅基地制度改革模式。《意见》和《实施细则》均要求：切实做到封闭运行。这里的“封闭运行”有两层含义：一是指试点内容封闭，即必须严格按照《意见》和《实施细则》确定的任务开展试点，不得超出《意见》和《实施细则》范围（此即顶层设计）；二是指试点地区封闭，即只能在经授权的县（市、区）开展试点，其他地区不得开展

（此即基层探索）。笔者对全国 15 个试点县（市、区）的调查发现，现实中试点县是通过分批次选择试点村庄逐步推进宅基地制度改革的，且在不同的村庄选择不同的宅基地制度改革目标及举措，因此，宅基地制度改革模式的多样化是在村级层面而非县级层面得以展现的。

顶层设计和基层探索的有机结合，可用学术概念嵌入（Embeddedness）进行理论描述。前文已述，在新经济社会学的视野中，一切（制度规范下的）经济行动都是通过嵌入于社会结构关系当中得以运行的①②；通过引入制度嵌入这一概念工具，可以“状态—结构—绩效”（SSP）框架③为蓝本，结合 IAD 框架中的制度分析所得到的七大规则及其运行，可构建一个 SSEAP 框架。依此框架，可以深刻揭示中国宅基地制度试点改革模式多样化的形成机理，如图 3-1 所示。

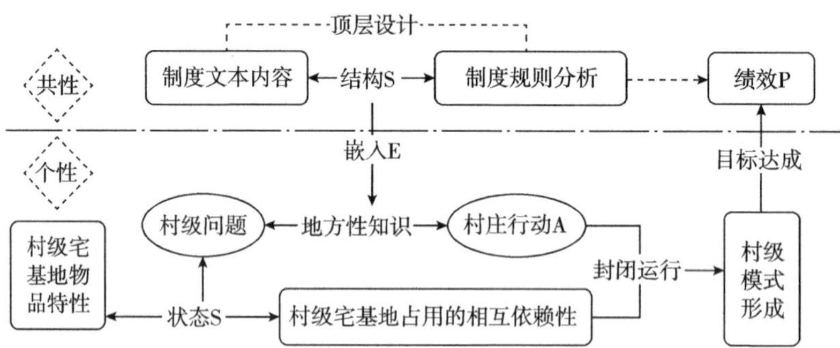


**图 3-1 基于 SSEAP 框架的宅基地制度改革模式形成机理**

图 3-1 显示，宅基地制度改革模式的形成机理可概括为四个方面：其一，中央顶层设计部分的制度文本内容及规则运行方式（统称结构），通过社会嵌入在不同的试点县（市、区）被具体化，成为指导本县宅基地制度改革的地方性知识。其二，在县级地方性知识的指导下，试点村庄依据

---

① Granovetter M. Economic Action and Social Structure: The Problem of Embeddedness [J]. American Journal of Sociology, 1985 (91): 481-510.

② 马克·格兰诺维特．作为社会结构的经济制度：分析框架［J］．梁玉兰译．广西社会科学，2001 (3): 91-95。

③ 爱伦·斯密德．财产、权力和公共选择——对法和经济学的进一步思考［M］．黄祖辉等译．上海：上海三联书店，上海人民出版社，1999.

本村初始状态判明亟待解决的村级问题，选择适当的村级目标及举措，进一步将县级地方性知识具体化为村级地方性知识。其三，上述基层探索通过封闭运行的方式予以持续推进，由此形成多样化村级宅基地制度改革模式。其四，不同的村级宅基地制度改革模式通过运行本村举措努力解决本村问题，以达成村级宅基地制度改革目标；当所有试点村庄的宅基地制度改革目标都达成时，中央所定的改革绩效自然就达到了。

## 四、宅基地制度改革模式形成的证据：江西余江和陕西高陵的差异

为进一步检验上述的分析，下面以江西余江和陕西高陵为例，对这两个试点地区的制度进行比较分析，以呈现具有同一性的中央改革精神嵌入地方后所形成的制度内容及其差异性。

1. 江西余江与陕西高陵《试点实施方案》结构形式的比较

改革之初（2015 年 3 月 25 日），“农村土地制度改革三项试点工作部署暨培训会议”指出，下一步试点地区根据文件精神出台的实施方案和政策文件等，表明试点地区会根据中央文件制订本地的实施方案，这是本试点地区推动宅基地制度改革的综合性指导文件。事实如此，团队在调研中发现，所有试点县（市、区）都制定了适用于本地改革的试点实施方案，在遵循中央改革精神的前提下，各有特色。下面仅以江西余江和陕西高陵两个试点县（区）的《试点实施方案》为例，作比较分析。

**表 3-1　江西余江与陕西高陵《试点实施方案》的形式比较**

| 比较内容 | 江西余江 | 陕西高陵 | 比较结果 | |
|---|---|---|---|---|
| | | | 共同点 | 不同点 |
| 结构比较 | 六个部分：指导思想、基本原则、工作目标、工作任务、工作步骤、工作措施 | 六个部分：总体要求、试点目标、基本原则、主要内容、组织实施、保障措施 | 遵循中央精神，结构完整 | 在语义表达方式、措辞等方面有显著差异 |

续表

| 比较内容 | 江西余江 | 陕西高陵 | 比较结果 | |
|---|---|---|---|---|
| | | | 共同点 | 不同点 |
| 基本原则比较 | 3句话、24个字：坚持底线，保障权益；政府引导，集体主导；合理利用，有序推进 | 4句话、24个字：坚持问题导向、坚持底线思维、坚持风险可控、坚持改革创新 | 都强调底线思维和控制风险 | 高陵强调问题和创新；永丰强调集体主导与有序推进 |
| 推动措施比较 | 4句话、24个字：成立机构，加强领导；动员群众，统一思想；强化措施，抓好落实；讲究方法，稳步实施 | 5句话、38个字：建立定期联席会议制度；坚持依法推进；建立公众参与制度；加强宣传引导；开展重点课题调研 | 都强调领导机构、群众参与 | 高陵更加强调"坚持依法推进"和"重点本市调研"，进一步凸显出问题意识和专业化精神 |

2. 江西余江与陕西高陵对中央改革任务落实方式的比较

表3-1显示，中共中央明确下达了本轮宅基地制度改革的四大任务，简称为"两完善、两探索"，即完善宅基地权益保障和取得方式、完善宅基地管理制度、探索宅基地有偿使用制度、探索宅基地自愿有偿退出机制。这四大改革任务在各试点地区也表现出地方化差异。下面再以江西余江和陕西高陵为例进行比较分析，以进一步证明制度下沉后体现出的地方化差异（见表3-2）。

**表3-2　江西余江与陕西高陵落实"两完善、两探索"改革任务的比较**

| 改革任务 | 江西余江 | 陕西高陵 | 核心差异 |
|---|---|---|---|
| 完善宅基地权益保障和取得方式 | (1) 完善"一户一宅"合理分配机制<br>(2) 完善"户有所居"保障方式<br>(3) 保障宅基地用益物权 | (1) 实现房地一体的不动产权证书发放全覆盖<br>(2) 完善户有所居的宅基地取得制度<br>(3) 优化农村土地空间布局 | 永丰为传统农区，侧重于完善"一户一宅"无偿分配机制<br>高陵为城郊农村，侧重于确权颁证基础上的"户有所居"保障 |

续表

| 改革任务 | 江西余江 | 陕西高陵 | 核心差异 |
|---|---|---|---|
| 探索宅基地有偿使用制度 | (1) 强调宅基地的节约集约利用，开展农村土地综合整治，推进秀美乡村建设<br>(2) 对超占和“一户多宅”的收取有偿使用费 | (1) 有偿使用方面强调“收少数人、少收费”原则<br>(2) 全域开展住房财产权抵押贷款<br>(3) 宅基地使用权参与农村集体资产股份权能改革 | 永丰以有偿使用制度为手段，促进宅基地的节约集约利用<br>高陵以宅基地用益物权实现为目标，推动有偿使用制度改革 |
| 探索宅基地自愿有偿退出机制 | (1) 建立宅基地集体内部流转制度；2017 年开始允许县域范围内流转<br>(2) 探索闲置宅基地处置和利用方式——宜耕则耕、宜林则林、宜建则建 | (1) 引导农民自愿退出，为集体经营性建设用地入市提供更多的土地资源<br>(2) 建立完善退出后的统筹利用机制，兼顾农民财产权利和为经济建设提供用地保障<br>(3) 2018 年推行的“共享村落”模式，允许宅基地使用权全国范围流转 | 永丰侧重于探索对闲置宅基地的因地制宜处置和利用方式<br>高陵侧重于增加农民收入和集体经济发展 |
| 完善宅基地管理制度 | (1) 加强总规模控制<br>(2) 建立健全宅基地管理办法，包括建房管理制度和宅基地审批制度<br>(3) 完善村民事务理事会制度 | (1) 简化宅基地审批程序，下放审批权<br>(2) 充分发挥村民自治组织对宅基地的民主管理作用 | 永丰的改革更为综合，可能是因为本地建房乱象严重，原有制度不健全<br>高陵的改革更为精准，直接瞄准“审批制度改革”这一管理制度改革中的重点 |

综上可知，中央政府对本轮试点改革进行了顶层设计，规定了试点改革的底线、目标和任务，这是改革的共性；同时，中央政府又鼓励甚至要求各试点地区立足本地实际进行差异化探索和创新，这是改革的个性。而且，通过采取制度先行的封闭运行方式，进一步强化了这种共性和个性的有机结合，必将在制度嵌入框架下催生出各种极富地方特色的宅基地制度改革模式。

## 第三节　宅基地制度改革模式的理论类型

模式识别方法起初应用于计算机、人工智能及其他自然科学领域，后发展到经济、管理、社会、教育等社会科学领域。简单地说，模式识别就是运用某些特征向量，对一组对象进行判别或分类；分类的过程称为识别，分类的结果即为模式①。根据图 3-1，村庄宅基地制度改革状态决定了村级问题和村级规则运行，两者共同构成一个村级模式的核心内容。因此，从状态和规则中提取特征向量，可以达到识别村级宅基地制度改革模式类型的研究目的。

### 一、试点模式的识别方法及过程

1. 从村庄宅基地制度改革状态中提取特征向量

经济学研究的是一个社会如何有效利用稀缺资源生产有价值的商品或服务，并将它们在不同的人中间进行分配②；该定义表明，稀缺性和有效利用是经济学的两大研究主题，启示我们可从这两个方面提取村庄宅基地制度改革状态的特征向量。首先，宅基地物品特性的村际差异可以用相对稀缺程度予以区分；为分析方便，可简单地将其区分为低和高两个层级。其次，宅基地的利用价值，主要指由宅基地物品特性所决定的宅基地利用方式，现实中主要有单纯居住价值、居住兼经济价值、居住兼生态价值三种类型；不同的利用价值会引发村民做出不同的竞争与合作关系（相互依赖性），由此产生不同的宅基地占用问题。据此，通过构建村级宅基地制

① 冉洪流，董瑞树．对模式识别特征选取的一点认识［J］．高原地震，1992（9）：59.

② 保罗·萨缪尔森，威廉·诺德豪斯．经济学（第 18 版）［M］．萧琛主译．北京：人民邮电出版社，2008.

度改革状态特征向量的提取矩阵，可区分出不同类型的村级宅基地制度改革状态或占用问题，结果如表 3-3 所示。

**表 3-3 村级宅基地制度改革状态（村级问题）的特征向量提取**

<table>
<tr><th colspan="2" rowspan="2">村级问题</th><th colspan="3">主要利用价值</th></tr>
<tr><th>单纯居住价值</th><th>居住兼经济价值</th><th>居住兼生态价值</th></tr>
<tr><td rowspan="4">稀缺程度</td><td rowspan="2">低稀缺</td><td rowspan="2">多占超占严重；多分布在传统农区的非中心村</td><td rowspan="2">多占超占及闲置现象严重；多分布在非农经济较为发达，或离城区较近即非农经济有外部助力的农村地区</td><td>位于山林、水库等生态资源丰富的地区，可能有多占超占和闲置现象，也可能因交通不便或缺乏建房资金</td></tr>
<tr><td>位于生态脆弱脱贫地区，宅基地利用行为对当地生态有一定危害</td></tr>
<tr><td rowspan="2">高稀缺</td><td rowspan="2">新增人口的居住保障有一定困难；多分布在一般农村地区的中心村</td><td rowspan="2">新增人口的居住保障有一定困难；多分布在城市郊区或非农经济较为发达的农村地区</td><td>位于山林、水库等生态资源丰富的地区，可能交通不便，且对新增人口的居住保障有一定困难</td></tr>
<tr><td>位于生态脆弱地区，宅基地利用行为对当地生态有一定危害，且新增人口的居住保障有一定困难</td></tr>
</table>

2. 从村级宅基地制度改革举措中提取特征向量

根据表 3-3，村级规则主要针对的是由状态所决定的村级问题和村庄行动特征向量的提取仍需在表 3-3 框架中进行，结果如表 3-4 所示。

**表 3-4 村级规则运行的特征向量提取**

<table>
<tr><th colspan="2" rowspan="2">村庄行动</th><th colspan="3">主要利用价值</th></tr>
<tr><th>单纯居住价值</th><th>居住兼经济价值</th><th>居住兼生态价值</th></tr>
<tr><td rowspan="3">稀缺程度</td><td rowspan="2">低稀缺</td><td rowspan="2">解决多占超占问题，回到公平起点，改善村庄人居环境</td><td rowspan="2">（1）解决多占超占问题，回到公平起点<br>（2）利用宅基地的经济价值，为发展经济服务</td><td>在生态资源丰富地区，主要有两种措施：<br>（1）利用当地良好生态提升宅基地经济价值，为发展经济服务<br>（2）利用生态移民政策，资助移居他地或换房进城，达到增收兼保护生态的双重目标</td></tr>
<tr><td>在生态资源脆弱地区，主要利用生态移民政策资助原居民移居他地或换房进城，达到增收兼生态保护的双重目标</td></tr>
<tr><td>高稀缺</td><td>提升单位地块的安居保障能力，提升农村城镇化水平</td><td>（1）提升单位地块的安居保障能力<br>（2）利用宅基地的经济价值，为发展经济服务</td><td>无论在生态资源丰富的地区，还是在生态资源脆弱地区，都应资助原居民移居他地，以保护生态环境并兼顾增收</td></tr>
</table>

## 二、试点改革模式识别结果

结合表3-3和表3-4可在理论上推导出5种宅基地制度改革模式类型，即退出整治模式、盘活利用模式、集中安居模式、统筹发展模式和移民搬迁模式（见表3-5）。

**表3-5　村级宅基地制度改革模式的应然类型**

<table>
<tr><th colspan="2" rowspan="2">应然<br>类型</th><th colspan="3">主要利用价值</th></tr>
<tr><th>单纯居住价值</th><th>居住兼经济价值</th><th>居住兼生态价值</th></tr>
<tr><td rowspan="3">稀缺程度</td><td rowspan="2">低稀缺（可落实一户一宅保障水平）</td><td rowspan="2">退出整治模式：村庄行动主要有超占退出、有偿使用、复垦复绿、公共设施建设、村居环境整治等</td><td rowspan="2">（1）盘活利用模式：村庄行动主要是通过超占退出或有偿使用，提升宅基地节约集约利用水平并促进其功能转型，达到融通城乡要素并促进经济发展的目标<br>（2）统筹发展模式：村庄行动主要是将超占退出部分进行复垦，获取建设用地指标，为村办企业优惠供地，或利用“增减挂”政策筹资以发展村庄经济（该模式主要发生在宅基地资源稀缺程度较低且非农经济有外部助力欠发达地区）</td><td>盘活利用模式：村庄行动主要是在生态资源丰富地区，利用本地良好生态资源提升宅基地和农房的利用价值，借此促进城乡要素融合，为经济发展服务</td></tr>
<tr><td>移民搬迁模式：以保护自然生态和增收为主要目标，村庄行动主要是资助原居民迁移他地或换房进城（该模式主要发生在生态脆弱地区的农村，宅基地资源是否稀缺不是其必要条件）</td></tr>
<tr><td>高稀缺（仅能落实“户有所居”保障水平）</td><td>集中安居模式：村庄行动主要是通过宅基地收储及整治，兴建农民安居小区或农民公寓，提升单位面积宅基地安居保障能力</td><td>统筹发展模式：村庄行动主要是允许宅基地使用权跨区流转并择位竞价，达到提升安居保障水平、促进经济发展的双重目标（该模式主要发生在宅基地资源稀缺程度高且非农经济相对发达的地区）</td><td></td></tr>
</table>

表3-5显示：5类应然模式的命名并非凭空设想，各以其所依赖的初始状态或村级问题的针对性为依据；5类应然模式在“村级问题—规则运行”组合（模式内涵）上有显著的个性差异，充分体现了试点改革因村制宜进行地方化探索的核心特征；有的模式有多个子类型（模式外延），如

盘活利用模式和统筹发展模式就各有两种子类型。当然，表 3-5 仅是理论上的推测，具体的子模式类型或称实践形态尚需通过实地观察予以考证。

## 第四节　宅基地制度改革模式的实践形态

### 一、全国性实地考察及结果

1. 全国性实地考察方法

为进一步考察各应然模式的实践形态，团队对两轮试点地区进行了三次实地调研。

（1）2018 年 12 月 5 日~2019 年 2 月 14 日，课题负责人以自驾车走村入户的方式，对第一批承担宅基地制度改革任务的 13 个试点县（市、区）（不含新疆伊宁和西藏曲水）中的 50 多个试点村庄进行了实地调研和模式考察，收集了 100 余份地方性制度文本，50 多人次的深度访谈记录，撰写了 10 余万字的田野调查日志。

（2）2022 年 1 月 17~18 日，课题负责人赴江西省湖口县（新一轮国家试点县），对 5 个试点村庄的宅基地制度改革模式进行了实地调研和模式考察，收集了 5 个试点村的制度文本、10 余份访谈记录及若干现场照片。

（3）2022 年 7 月 20~23 日，课题负责人带领若干名研究生赴江西省永丰县（新一轮国家试点县），对 5 个试点村进行了实地调研和模式考察，收集了 5 个试点村的制度文本、10 余份访谈记录及若干现场照片，并为 5 个试点村撰写了完整宅基地制度改革案例，被永丰县农村宅基地制度改革试点工作领导小组办公室予以采纳和利用（有采纳证明）。

2. 实地考察结果

根据所收集到的地方性制度文本、访谈记录及田野日志等质性数据，可以分析得到各类应然模式的实践形态，结果如表 3-6 所示。

表 3-6 五类应然模式的实践形态

| 模式类型 | 模式内涵特征 | | | 实践形态（子模式） | 代表性村庄举例（个别有命名） |
|---|---|---|---|---|---|
| | 初始状态 | 核心问题 | 村庄行动（主要措施） | | |
| 退出整治模式 | 单纯居住价值；低稀缺 | 超占严重 | 综合应用超占退出、有偿使用、复垦复绿、公共设施建设、村容村貌整治等措施，落实一户一宅居住保障的同时，进一步改善村居环境 | 无偿退出兼村庄整治 | 江西余江大部分村庄 |
| | | | | 有偿退出与整村增收 | 青海湟源和平乡马场台村；安徽金寨大湾村组 |
| | | | | 有偿退出与非整村改造 | 青海湟源和平乡白水村（利用增收政策）；浙江义乌佛堂镇下叶村 |
| 统筹发展模式 | 居住兼经济价值；稀缺程度高或低 | 稀缺程度高，新增人口难获居住保障 | 允许宅基地使用权全域流转、择位竞价，提升宅基地节约集约利用水平，促进经济发展并落实多种形式的居住保障目标 | 宅基地使用权全域流转及功能转型模式 | 浙江义乌多数村庄；江苏武进大部分村庄（如横林镇双蓉村、嘉泽镇西城村、横山桥镇东城湾村）；福建晋江若干村（如瓷灶村） |
| | | 稀缺程度低，村集体经济发展水平低 | 措施复杂：在“三块地”联动改革背景下，综合利用超占退出；复垦复建；使用权跨村流转；节约建设用地（指标）异地交易或为村办企业优惠供地；有时还配套使用农地流转等措施发展规模农业<br>改革目标：在落实多种形式居住保障的前提下发展村集体经济，促进产村融合 | 宅基地整治与产村融合发展模式 | 四川泸县谭坝村；江西湖口县灰山村四组（其自称为“产业融合”模式） |

续表

| 模式类型 | 模式内涵特征 | | | 实践形态（子模式） | 代表性村庄举例（个别有命名） |
|---|---|---|---|---|---|
| | 初始状态 | 核心问题 | 村庄行动（主要措施） | | |
| 盘活利用模式 | 居住兼经济价值；高稀缺 | 农房闲置 | 在落实多种形式居住保障的前提下，跨区域流转宅基地使用权；村集体主导构建市场交易机制，提高村民及村集体的经济收入 | 城郊农村的农房长租模式 | 陕西西安高陵区张南联村的“共享村落”模式 |
| | 居住兼经济价值；稀缺程度低或高 | 宅基地闲置 | 在落实多种形式居住保障的前提下，跨村流转宅基地使用权；村集体主导构建市场交易机制，提高村民及村集体的经济收入 | 经济资源类村庄的宅基地功能转型模式 | 湖南浏阳田溪村的“旅游民宿”模式；浙江诸暨布谷村、岭北镇孚家湖村、白湖镇新泉村（非试点村）[①] |
| | 居住兼经济价值；低稀缺 | 宅基地粗放利用 | 允许宅基地使用权跨区域流转；吸引城市居民合作建房，解决低收入户对建房资金的需求 | 生态资源类村的城乡合作共建模式 | 湖南浏阳张坊镇上洪村的“城乡合作建房”模式 |
| | 居住兼经济价值；稀缺程度低或高 | 有特殊文化价值的房屋未得到合理开发和利用 | 在政府主导下，对有文化价值（特殊财产）的房屋及宅基地进行保护和开发 | 特色资源类村庄的特色保护与开发模式 | 云南大理银桥镇上阳波村的“古宅保护”模式 |

① 参见《闲置农房这样被盘活》（人民眼·乡村振兴），人民日报，2020-11-06. http：//society. people. com. cn/n1/2020/1106/c1008-31920698. html.

续表

<table>
<tr><td rowspan="2">模式类型</td><td colspan="3">模式内涵特征</td><td rowspan="2">实践形态（子模式）</td><td rowspan="2">代表性村庄举例（个别有命名）</td></tr>
<tr><td>初始状态</td><td>核心问题</td><td>村庄行动（主要措施）</td></tr>
<tr><td rowspan="3">移民搬迁模式</td><td>居住兼生态价值；低稀缺</td><td>超占危害生态，或山区交通不便</td><td>主要措施：增收搬迁+宅基地制度改革；<br>宅基地制度改革目标：增收兼生态保护+居住保障</td><td>易地搬迁模式（含退出换房进城镇模式）</td><td>安徽金寨大部分村庄；<br>青海湟源巴雁乡上浪湾村；<br>云南大理凤仪镇三哨村</td></tr>
<tr><td rowspan="2">居住兼生态价值；高稀缺</td><td rowspan="2">生态脆弱不适合人居；资源匮乏</td><td rowspan="2">主要措施：生态移民+宅基地制度改革；宅基地制度改革目标：生态保护+居住保障</td><td>集中式生态移民模式</td><td>宁夏平罗庙庙湖村</td></tr>
<tr><td>插花式生态移民模式</td><td>宁夏平罗黄渠桥镇四渠村</td></tr>
<tr><td rowspan="2">集中安居模式</td><td rowspan="2">单纯居住价值；高稀缺</td><td rowspan="2">户有所居成为改革难题</td><td rowspan="2">主要措施：通过宅基地收储及整治，兴建村民安置小区或农民公寓，在全县或乡镇或本村范围内择位竞价和置换住房（为避免成为小产权房，要求购房户须为农村集体经济组织成员，且不得另有宅基地）<br>宅基地制度改革目标：提升宅基地节约集约利用水平，落实“户有所居”保障目标</td><td>乡镇统筹安居小区模式</td><td>湖南浏阳大瑶镇南山村芙蓉小区和新河小区；沿溪镇的沙龙村蝴蝶花园小区；四川泸县复兴村、田坝村。天津蓟州区、湖北宜城的“集中安居”小区。江苏武进区双龙村</td></tr>
<tr><td>村集体统筹农民公寓模式</td><td>福建晋江市内坑镇砌坑村；江西永丰藤田镇易溪村（与邻村置换土地，集中建设本村村民安置小区及孤寡老人安居房）</td></tr>
</table>

表 3-6 显示：

（1）5 类应然模式各有不同的实践形态（子模式），实践中将实践形态仍称为××模式，且多以具有相同资源禀赋的自然村（有时一个大自然村即为一个行政村）或村小组（有时一个自然村为一个村小组）为决策及运行单位。

（2）绝大多数村庄主用一个宅基地制度改革模式，在个别资源较为丰富的自然村可同时应用多个宅基地制度改革模式（如江西永丰杨家坊村）。

（3）尚未发现5类模式不能概括的实践形态，表明达到了理论饱和。5类模式各有多种实践形态。囿于篇幅，下文仅对各种实践形态进行列举和简介。

## 二、试点模式实践形态简介及举例

1. 退出整治模式

退出整治模式主要发生在土地资源稀缺程度低且超占严重的村庄，主要措施是通过有偿或无偿退出超占部分宅基地，落实“一户一宅”并对村居环境进行整治、改造和提升。现实中，该类模式主要有三种实践形态，极大地丰富了表3-5中的理论预测：其一，无偿退出兼村庄整治模式，主要发生在传统农区，如江西余江和江西永丰的大部分村庄。其二，有偿退出与整村改造模式，主要发生在中西部欠发达地区，青海湟源和平乡马场台村及安徽金寨大湾村大湾组是其中的典型代表。其三，有偿退出与非整村改造模式，其中又有兼顾增收和不兼顾增收两种子类型；前者以青海湟源和平乡白水村为代表，后者以浙江义乌佛堂镇下叶村为代表。此处需要特别说明的是，退出整治模式是在原村址上进行宅基地制度改革和村庄整治，而移民搬迁模式则是以增收或生态保护为目的搬离原村址进行村庄重建。

2. 统筹发展模式

统筹发展模式主要发生在土地资源经济价值较高的各类村庄，通过宅基地制度改革统筹各类资源，促进经济发展并提升户有所居保障水平。现实中，该类模式主要有两种实践形态，与表3-5中的理论预测基本相当：一是发达地区的宅基地使用权全域流转及功能转型模式。例如，浙江义乌通过统筹规划全市宅基地，公开择位竞价促使宅基地使用权在全市农村居民中流转，达到提升户有所居保障水平并服务经济发展之目的（一楼可建成店铺出租，其余楼层可建成出租房供外来务工者租住)。二是欠发达地区的宅基地整治与产村融合模式。例如，四川泸县谭坝村将宅基地、集体经营性建设用地、农用地 3 块地改革联动起来，在落实多种形式居住保障的前提下，推动了乡村加工业、康养业、休闲农业和旅游业等产业发展，最终使该村由一个省级低收入村发展成为省级明星村。

3. 盘活利用模式

盘活利用模式主要发生在宅基地有良好外部需求或农房有重要文化价值的村庄，通过“宅基地制度改革+”其他措施盘活利用闲置农房和闲置宅基地，在落实多种形式居住保障的前提下促进经济发展或激活农房的文化价值。现实中，该类模式主要有四种实践形态，极大地丰富了表 3-5 中的理论预测：一是城郊农村的农房长租模式，如陕西高陵张南联村推出的共享村落模式，允许宅基地使用权在全国范围流转，吸引城市居民来此长租农房，有效盘活了闲置农房并促进了村民收入增长。二是经济资源类村庄的宅基地功能转型与发展模式，如湖南浏阳张坊镇田溪村的旅游民宿模式，通过组织村民改建自家农房发展旅游民宿，有效盘活了闲置农房、增加了本地就业并促进了经济发展。三是生态资源类村庄的城乡合作建房模式，如湖南浏阳张坊镇上洪村进行了有益探索：允许低收入户将节约下来的宅基地使用权在较大范围内流转，吸引城市居民与其合作建房，既解决了低收入户建房资金短缺问题，又可吸引城市资源下乡，有利于乡村振兴和城乡融合发展。无疑，城乡合作建房模式是将宅基地使用权视作“空间权”①，否则无法消除制约城乡资源要素双向流动的制度难题②。四是特色资源类村庄的特色保护与开发模式，如云南大理银桥镇上阳波村的“古宅保护”模式，政府主导是推动力量。

4. 移民搬迁模式

移民搬迁模式主要发生在生态脆弱或欠发达地区的农村，宅基地资源

---

① 陶钟太朗，潘学飞．论应还原宅基地使用权空间权属性：实然规则、应然状态及修法路径［J］．南京农业大学学报（社会科学版），2020（6）：125-133.

② 胡钰，沙垚．乡创特派员：破解城乡资源要素双向流动难题的制度探索［J］．江西师范大学学报（哲学社会科学版），2022（1）：101-109.

是否稀缺不是其主要特征。现实中，该类模式主要有两类实践形态，后一类中又有两个子类别，从而丰富了表 3-5 的理论预测：一是“易地搬迁+宅基地制度改革”模式。在该子模式中，土地资源不甚稀缺，村庄多位于深山或水库周边，政府因为生态保护及增收需要，对原村庄进行整体搬迁，但新址仍在本县（市、区）内。例如，安徽金寨的大部分村庄，青海湟源巴雁乡上浪湾村和云南大理凤仪镇三哨村等。二是“生态移民+宅基地制度改革”模式。在该子模式中，生态环境脆弱不适合人居，政府因为生态保护及增收需要，对原村庄进行整体搬迁。这种实践形态又有两种做法：一是集中式移民搬迁模式，如宁夏平罗庙庙湖村；二是插花式生态移民模式，如宁夏平罗黄渠桥镇四渠村组。

5. 集中安居模式

集中安居模式主要发生在宅基地资源稀缺程度高，户有所居成为难题的农村地区；主要措施是在政府主导下，通过宅基地收储及整治，另辟处所兴建村民安居小区或在村内建造高层农民公寓。为避免成为小产权房，要求购买安居房的须为农村集体经济组织成员，且不得另有宅基地。现实中，该类模式主要有两种实践形态，与表 3-5 中的理论预测基本相当：一是乡镇统筹另辟处所建造村民安居小区。调研发现，这种模式在 2015 年宅基地制度改革之前就在一些地方进行了探索和实践，如湖南浏阳南山村的芙蓉小区、湖北宜城流水镇黄冲村安居小区等。二是村集体统筹在村内建造农民公寓，吸引村内外无宅基地的村民购房安居，如福建晋江内坑镇砌坑村，在村内宅基地上兴建有一栋十几层的农民公寓。

## 本章小结

前文系统探索了我国宅基地制度试点改革模式的多样化形成机理、应然类型及其实践形态，得到下列重要研究结论：其一，中央顶层设计规定了试点改革务必遵循的共同要件，同时鼓励试点地区因地制宜进行差别化探索，致使试点改革模式分化出多种类型。其二，基于本书创建的 SSEAP 框架，运用规范的模式识别方法提炼并分析其特征向量，可在理论上识别出 5 类应然宅基地制度改革模式，即退出整治模式、统筹发展模式、盘活利用模式、移民搬迁模式和集中安居模式。其三，通过全国性的实地考察发现，现实中 5 类模式多以自然村为运行载体，多数村庄主用一个模式，少数村庄则兼用多个模式；而且，同一模式在不同的村庄有不同的“目标—措施”组合，展现出更加丰富多样的实践形态，或称子模式。

与已有研究相比，上述研究结论主要有三方面改进：首先，所采用的模式识别方法遵循前后一致的逻辑法则，在 SSEAP 框架下对村级宅基地制度改革模式进行了特征向量提取和比较分析，克服了已有研究缺乏统一分类标准和统一分析单元的研究缺陷。其次，所识别出的 5 类模式具有内涵互斥性和所指周延性，尚未发现其他类型的宅基地制度改革模式，识别结果达到了理论饱和。最后，实地考察出的实践形态具有广泛的兼容性，几乎包括已有研究所提及的各类宅基地制度改革模式或措施。例如，已有研究提及的宅基地换房（置换）、宅基地收储、货币化补偿、村内集约改造、综合整治等模式，在本章中主要是退出整治模式、移民搬迁模式和集中安居模式中所广泛采用的“退出—有偿使用—收储—复垦—整治”等系列措施。又如，已有研究提及的市场交易、地票交易等模式，在本章中主要为统筹发展模式和盘活利用模式中所广泛采用的宅基地使用权跨村流转或（复垦后）建设用地指标交易的系列措施。再如，已有研究提及的旅游资源带动、入股出租转让等模式，在本章中为盘活利用模式中的一些实践形态或宅基地制度改革措施。还有已有研究提及的生态移民、易地搬迁等模式，在本章中为移民搬迁模式的主要实践形态或宅基地制度改革措施。但是，本章所阐述一些模式及其实践形态，已有研究则未曾关注，如盘活利用模式的四种实践形态、集中安居模式的两种实践形态、移民搬迁模式中的插花式生态移民形态等。

上述结论为新一轮宅基地制度改革典型案例分析奠定了重要基础。首先，5类模式及其实践形态所发生的时空环境，均为具有相同资源禀赋的自然村或村小组。其次，5类模式之间的差异源于村庄宅基地资源的初始状态及占用问题上的差异，启示试点村庄应当认真研究本村宅基地制度改革面临的初始状态及核心问题，依此从5类模式当中优选一种或多种作为本村宅基地制度改革总体指导方案。最后，5类模式只是抽象的理论概括，现实中各以具体多样的实践形态作为其自身存在和运行的方式，启示试点村庄应当参考所选模式的实践形态，探索适合本村的具体宅基地制度改革路径。

# 第四章

# 新一轮宅基地制度改革制度结构的嵌入：以江西永丰为例

从研究逻辑上看，在分析村级宅基地制度改革案例之前，首先需要探讨中央制度在下沉至试点县后，如何被细化并具体化为县级制度体系，并在重要改革领域推广至全县各试点村庄。因此，本章分为六节展开研究：第一节围绕中央设定的改革底线及核心目标，分析永丰县宅基地制度试点改革的具体目标及其与中央政策的衔接与落实；第二节深入分析永丰县为完成中央宅基地制度改革任务而制定的制度体系，探讨其在实践中的应用及调整情况；第三节探讨中央关于历史遗留问题的相关规定及其在永丰县的具体化过程，重点关注如何处理历史遗留的宅基地问题，以确保改革的顺利推进；第四节分析农户资格权的中央规定及其在永丰县的具体实施情况，探讨如何在全县范围内有效保障农户资格权（由于资格权的认定和保障方式在各试点村具有一致性，因此在本章统一探讨，下一章的案例分析将略去此部分）；第五节从制度嵌入性视角，分析县级制度文本如何有效嵌入村庄社会，通过政策的地方化实现改革目标；第六节通过构建博弈模型，论证县级制度在嵌入村庄后灵活运行（因村施策）的必然性及其影响机制，为理解县级政策在村庄中的实施效果提供理论支持。

# 第一节　严守改革底线并遵循核心目标要求

## 一、坚持集体所有制并严守三条改革底线

《中华人民共和国土地管理法》（2019）第9条明确规定：

> 农村和城市郊区的土地，除由法律规定属于国家所有的以外，属于农民集体所有；宅基地和自留地、自留山，属于农民集体所有。

2014年12月31日，中共中央办公厅、国务院办公厅印发《关于农村土地征收、集体经营性建设用地入市、宅基地制度改革试点工作的意见》规定了5条基本原则，其中第二条基本原则——坚守改革底线要求：

> 深化农村土地制度改革，必须确保土地公有制性质不改变、耕地红线不突破、农民利益不受损。

为指导各地进行新一轮试点改革，农业农村部于2020年11月印发《农村宅基地制度改革试点工作指引》，规定了新一轮试点改革的主要内容。其中要求：

> 落实宅基地属于本集体成员集体所有的有关规定，明晰宅基地所有权具体归属，完善宅基地所有权行使机制。

遵循中央上述改革精神，永丰县委县政府印发《永丰县农村宅基地制

度改革试点实施方案》，明确规定：

> 严守土地公有制性质不改变、耕地红线不突破、农民利益不受损三条底线……

《永丰县农村宅基地集体所有权行使办法（试行）》第四条明确规定：

> 农村宅基地属于村农民集体所有，村（组）集体经济组织是权利主体；分别属于村内两个或两个以上村民小组的农民集体所有的，村内该村民小组集体经济组织是权利主体。各乡镇行政村、村民小组根据要求完成农村集体产权制度改革，成立组经济合作社行使宅基地集体所有权的权利主体。

归纳上述文件不难看出，永丰县农村宅基地制度试点改革必须坚守的第一条基本原则就是，坚持“宅基地归农民集体所有”这一基本产权制度不改变。

## 二、遵循核心目标但在方法路径上有突破创新

“坚持稳慎推进与大胆创新并重，坚持严守底线与改革突破并重”。永丰县秉承该原则推进县级制度体系的创新与完善。这是制度嵌入含义的生动表达。

第一轮试点改革的核心目标是“建立健全……依法公平取得、节约集约使用、自愿有偿退出的农村宅基地制度。形成可复制、可推广的改革成果，为科学立法和修改完善相关法律法规提供支撑。”改革进行中，2018年《中共中央国务院关于实施乡村振兴战略的意见》提出，宅基地“三权分置”改革，要求在落实集体所有权和保障农户资格权的基础上，适度放活宅基地使用权。新一轮宅基地制度试点于2020年10月启动，农业农村部即于2020年11月17日印发《农村宅基地制度改革试点工作指引》（以

下简称《试点工作指引》），规定了新一轮试点改革的核心目标要求：

> 通过试点，进一步厘清宅基地所有权、资格权、使用权之间的关系，明确各自权能，形成层次分明、结构合理、平等保护的格局；探索完善宅基地分配、流转、抵押、退出、使用、收益、审批、监管等制度的方法路径，推动宅基地制度更加健全、权益更有保障、利用更加有效、管理更加规范；总结一批可复制、能推广、惠民生、利修法的制度创新成果。

遵循中央上述改革精神，《永丰县农村宅基地制度改革试点实施方案》，在“目标任务”中做出了和《试点工作指引》几乎相同的表达：

> 通过试点，进一步厘清宅基地所有权、资格权、使用权之间的关系，明确各自权能，形成层次分明、结构合理、平等保护的格局；探索完善宅基地分配、流转、退出、使用、收益、审批、监管等制度的方法路径……建立审批、流转、监管、执法等为一体的宅基地基础信息数据库和管理系统……总结一批可复制、能推广、惠民生、利修法的制度创新成果。

通过比较不难发现，《永丰县农村宅基地制度改革试点实施方案》，在方法路径中略去了“抵押”一词，原因是该县暂不适宜将宅基地使用权抵押作为重点改革任务。其他方面均与《试点工作指引》相同。因此，永丰县在紧扣中央改革目标的基础上，结合本地实际制定了县内的宅基地制度改革目标，既高度契合中央的改革精神，又充分体现了地方特色和具体需求。

# 第二节　根据中央指引制定县级制度体系

## 一、中央所定的试点改革任务

2014 年 12 月 31 日，中共中央办公厅、国务院办公厅印发《关于农村土地征收、集体经营性建设用地入市、宅基地制度改革试点工作的意见》规定了第一轮试点改革任务，即完善宅基地权益保障和取得方式、完善宅基地管理制度、探索宅基地有偿使用制度、探索宅基地自愿有偿退出机制，简称为“两完善、两探索”。

2020 年 11 月 17 日，农业农村部印发《农村宅基地制度改革试点工作指引》，将新一轮试点改革任务或内容拓展为“五探索、两完善、两健全”（见表 4-1）。

**表 4-1　中央所明确的“五探索、两完善、两健全”改革任务**

| 改革任务 | 具体内容 |
| --- | --- |
| 完善宅基地集体所有权行使机制 | 明晰宅基地所有权归属；健全农村集体经济组织宅基地管理制度；发挥村民自治在宅基地管理中的作用 |
| 探索宅基地农户资格权保障机制 | 探索宅基地资格权的认定办法；探索宅基地资格权的多种实现形式；完善不同区域农民户有所居的多种保障方式；健全农民建房新增建设用地规划和计划指标保障机制 |
| 探索宅基地使用权流转制度 | 探索宅基地使用权流转方式；探索盘活利用农村闲置宅基地和闲置住宅发展乡村产业的途径；探索继承农房宅基地使用权管理办法 |
| 探索宅基地使用权抵押制度 | 开展抵押贷款业务；完善扶持引导政策；探索抵押物处置机制；健全风险保障机制 |
| 探索宅基地自愿有偿退出机制 | 探索宅基地自愿有偿退出方式；分类退出多占、超占、违法违规占用的宅基地；健全退出宅基地价格评估和补偿机制；探索退出宅基地统筹利用政策 |

续表

| 改革任务 | 具体内容 |
|---|---|
| 探索宅基地有偿使用制度 | 确定有偿使用的范围；明确有偿使用的标准和方式 |
| 健全宅基地收益分配机制 | 探索农民宅基地收益分配机制；完善集体宅基地收益管理方式；创新集体宅基地收益使用方式 |
| 完善宅基地审批制度 | 完善审批管理方式；建立联审联办制度 |
| 健全宅基地监管机制 | 健全基层宅基地管理机构；创新宅基地执法机制；推进宅基地数字化管理 |

## 二、永丰县创新的宅基地制度改革制度体系

《农村宅基地制度改革试点工作指引》明确要求各试点地区抓紧完善实施方案。就此，永丰县于2021年2月2日印发了《永丰县农村宅基地制度改革试点实施方案》，这份文件相当于永丰推动宅基地制度改革工作的总指南。基于此，永丰结合本县实际，紧紧围绕农业农村部的《试点工作指引》中明确的试点任务——“五探索、两完善、两健全”，研究制定了适用于本县区域范围内的制度体系（见表4-2）。

**表4-2　永丰县落实“五探索、两完善、两健全”的具体制度性文件**

| 中央所定的改革任务及具体内容 | | 永丰县的落实文件 |
|---|---|---|
| 完善宅基地集体所有权行使机制 | 明晰宅基地所有权归属 | 《永丰县农村宅基地“三权分置”指导意见》<br>《永丰县农村宅基地集体所有权行使办法（试行）》 |
| | 健全农村集体经济组织宅基地管理制度 | 《永丰县农村宅基地所有权“三确定”实施方案》 |
| | 发挥村民自治在宅基地管理中的作用 | 《永丰县农村宅基地村民事务理事会管理权责的实施意见》 |
| 探索宅基地农户资格权保障机制 | 探索宅基地资格权的认定办法 | 《永丰县农村宅基地资格权认定工作实施方案》《永丰县农村宅基地资格认定指导意见》《永丰县农村集体成员宅基地资格权认定及管理办法（试行）》（注：后一项制度是对前两项的完善和替代） |

续表

<table>
<tr><th colspan="2">中央所定的改革任务及具体内容</th><th>永丰县的落实文件</th></tr>
<tr><td rowspan="3">探索宅基地农户资格权保障机制</td><td>探索宅基地资格权的多种实现形式</td><td>《永丰县农村宅基地资格权“三固”实施方案》</td></tr>
<tr><td>完善不同区域农民户有所居的多种保障方式</td><td>《永丰县推进“三权分置”打造农村“一间房”改革工作实施方案》<br>《永丰县农村宅基地建房审批“户”认定实施办法》</td></tr>
<tr><td>健全农民建房新增建设用地规划和计划指标保障机制</td><td>《永丰县农村宅基地择位竞价指导意见（暂行）》</td></tr>
<tr><td rowspan="3">探索宅基地使用权流转制度</td><td>探索宅基地使用权流转方式</td><td>《永丰县农村宅基地使用权流转指导意见》</td></tr>
<tr><td>探索盘活利用农村闲置宅基地和闲置住宅发展乡村产业的途径</td><td>《永丰县闲置宅基地和闲置住宅盘活利用工作实施方案》</td></tr>
<tr><td>探索继承农房宅基地使用权管理办法</td><td>《永丰县农村宅基地使用权流转指导意见》<br>注：在该意见中，“继承”被归入使用权流转的一种特殊形式而得到规范</td></tr>
<tr><td>探索宅基地使用权抵押制度</td><td>开展抵押贷款业务；<br>完善扶持引导政策；<br>探索抵押物处置机制；健全风险保障机制</td><td>《永丰县农民住房财产权及宅基地使用权抵押贷款试点实施方案》<br>《永丰农商银行农民住房财产权及宅基地使用权抵押贷款管理办法》</td></tr>
<tr><td>探索宅基地自愿有偿退出机制</td><td>探索宅基地自愿有偿退出方式；分类退出多占、超占、违法违规占用的宅基地；健全退出宅基地价格评估和补偿机制；探索退出宅基地统筹利用政策</td><td>《永丰县农村宅基地有偿退出指导意见（试行）》。该意见逐一规定了有偿退出原则；限期无偿退出情形；有偿退出情形；补偿方式（包括货币补偿、置换宅基地、以地养老、入股分红）；退出方式（暂时退出和永久退出）；补偿标准；退出程序及退后处理方式等</td></tr>
<tr><td>探索宅基地有偿使用制度</td><td>确定有偿使用的范围；明确有偿使用的标准和方式</td><td>《永丰县农村宅基地有偿使用指导意见（试行）》。该意见逐一规定了有偿使用范围；有偿使用费计费标准及收取方式；操作流程和监督管理等</td></tr>
<tr><td>健全宅基地收益分配机制</td><td>探索农民宅基地收益分配机制；<br>完善集体宅基地收益管理方式；<br>创新集体宅基地收益使用方式</td><td>《永丰县农村宅基地增值收益收取、分配、管理和监督指导意见》</td></tr>
</table>

续表

| 中央所定的改革任务及具体内容 | | 永丰县的落实文件 |
|---|---|---|
| 完善宅基地审批制度 | 完善审批管理方式 | 《永丰县进一步规范县城规划区外农村宅基地审批管理的意见》<br>《永丰县农村村民建房批后监管实施意见》 |
| | 建立联审联办制度 | 《永丰县建立农村宅基地审批监管“四员”工作机制的实施方案》 |
| 健全宅基地监管机制 | 健全基层宅基地管理机构 | 《永丰县建立农村宅基地审批监管“四员”工作机制的实施方案》 |
| | 创新执法机制 | |
| | 推进宅基地数字化管理 | 《永丰县农村宅基地基础信息调查及管理信息系统建设工作方案》<br>《永丰县推进农村“房地一体”宅基地使用权确权登记发证工作实施意见》 |

由上可知，永丰县紧紧围绕中央所确定的“五探索、两完善、两健全”的改革任务，根据本县实际制订了实施方案，围绕实施方案制订并完善了相关制度体系及操作流程。其中，比较有特色的制度内容有：

（1）在完善宅基地集体所有权行使机制方面，永丰县印发了《农村宅基地集体所有权行使办法》，其中第五条认为：根据需要，各村可经选举产生村（组）民事务理事会；由村民大会授权村（组）民事务理事会委托代行村（组）宅基地集体所有权职能，负责日常权力行使。

（2）在探索宅基地资格权的多种实现形式方面，永丰县印发了《农村宅基地资格权“三固”实施方案》，创新性地提出了“取得固定，登记固化；保留权限，发证固化；退出资格，程序固化”的“三固化”实现形式。

（3）在完善不同区域农民户有所居的多种保障方式方面，永丰县印发了《永丰县推进“三权分置”打造农村“一间房”改革工作实施方案》，要求按照“宅地联动、房地一体”原则，给“三权”定位促“分置”到位，着眼盘活农村资源要素、转变农村“人”“地”“钱”理念，积极探索所有权、资格权和使用权“三权分置”有效实现途径，稳慎推进确权、赋权、易权改革，落实农村宅基地一户一宅要素分配，再造集体成员一身

图 4-1 永丰县打造农村“一间房”的主要内容

份一住房资格权益，激活闲置宅基地和闲置住宅一房一经济活力，打造永丰农村“一间房”改革新样板，蹚出一条乡村振兴、民富村兴的新路径。

（4）在完善审批和监管制度方面，永丰县印发《建立农村宅基地审批监管“四员”工作机制的实施方案》，建立农村宅基地审批管理“四员”（县级指导员、乡镇专管员、村级协管员、组级信息员）工作机制，借此建立和完善县、乡、村、组四级监管体系。

## 第三节 查清历史遗留问题并探索其化解办法

### 一、中央对处置历史遗留问题的指引

2020 年 11 月 17 日农业农村部印发《农村宅基地制度改革试点工作指引》，列出了 4 项“基础工作”，包括调查摸清宅基地底数、科学编制村庄规划、历史遗留问题处置、确权登记颁证。无疑，在这 4 项基础性工作

中，调查摸底、规划编制和确权登记颁证3项工作偏向技术性，操作性和复制性强，各试点县通过相互借鉴，均完成得很好。然而，不同试点地区面临的历史遗留问题并不相同，缺乏可复制性，且因是各试点地区推动宅基地制度改革的问题导向，因而需要专门探讨。

《试点工作指引》在“妥善处置历史遗留问题”中提到：

> 查清问题情况。对历史上形成的各类宅基地问题进行系统摸底，逐一建档立册。重点查清一户多宅、宅基地面积超标、非本集体经济组织成员占用宅基地，以及违法违规占地建房等问题。
>
> 制定处置办法。根据国家、省、市相关法律法规和政策规定，在充分征求农村集体经济组织和农民意见的基础上，研究制定符合本地实际的处置办法，区分不同类型问题，提出相应的化解措施。对农民建房未办理规划和用地手续，但符合一户一宅和当地宅基地用地标准等规定、拆除和退出确有困难的，试点地区可探索通过依法依规补办规划和用地手续等方式予以妥善解决。
>
> 稳妥有序化解。按照依法合规稳妥有序的原则，结合宅基地使用权确权登记颁证、村庄规划编制实施等工作，依托村两委和农村集体经济组织逐步予以化解。

## 二、永丰县处置历史遗留问题的制度内容

永丰县在农业农村部《试点工作指引》的指引下，于2022年6月19日出台了一项专门性制度——《永丰县农村宅基地历史遗留问题处理指导意见》；之后，在积累相关实践经验的基础上，对相关政策进行完善和整合，最终于2023年10月18日印发《永丰县农村宅基地及房屋历史遗留问题处置实施办法（试行）》。

《永丰县农村宅基地及房屋历史遗留问题处置实施办法（试行）》共有5章24条，依次界定了什么是历史遗留问题，处置原则、处置方式、

有偿退出和有偿使用标准和产权登记等事项。下面择其主要内容予以说明：

1. 历史遗留问题的界定

第三条 本办法所称的农村宅基地及房屋历史遗留问题是指在2020年9月30日（含）之前已建成房屋，因历史原因未办理合法用地手续，主要包括一户多宅、宅基地面积超标、非本集体经济组织成员占用宅基地，以及违法违规占地建房等问题。

1986年12月31日前已建成，至今无改建、扩建的宅基地，不分区域不按以下规定处置，按实际占地面积确权登记。

2. 历史遗留问题的处置原则

第四条 农村宅基地及房屋遗留问题处理坚持尊重历史、村民自治、让利于民、一户一宅、面积合规的原则。

3. 历史遗留问题的处置方式

第六条 农村宅基地及房屋遗留问题处理方式包括无偿退出、补办手续、有偿退出、有偿使用和拆除地上建筑物及其附属设施恢复土地原状等方式。（具体方式略）

## 三、永丰县处置历史遗留问题的做法与成效[①]

1. 查清问题

自列入全国第二轮农村宅基地制度改革试点县以来，永丰县对历史上

① 本小节内容主要参考了《永丰县探索宅基地历史遗留问题化解途径专项总结报告》，永丰县农村宅基地制度改革试点工作领导小组办公室，2023年10月30日。

形成的各类宅基地问题进行系统排查，逐一建档立册，并按照“依法依规、稳妥有序、分类认定、逐步化解”的原则，将历史遗留问题分为5大类型28种情形。

历史遗留问题处置5大类28种情形[①]。

①一户多宅：主要建新未拆旧、继承房屋、宅基地或房屋买卖、房屋转让、房屋赠与、应分户而未分户、不符合分户要求、骗取审批手续建造、法律规定用地限额前形成的多宅9类原因。

②超面积占用：主要有主房超面积占用、附属房超面积占用、围墙超面积占用、临时建筑超面积占用3类原因。

③非本集体经济组织成员占用：主要有宅基地保障对象跨集体经济组织占用、非集体经济组织成员继承占用、非集体经济组织成员在农村购地占用、城镇居民占用原籍宅基地4类原因。

④违法违规：主要有符合规划属于一户一宅未批先建、批东建西、批少建多、不符合规划违规占地建房、占用永久基本农田建房、非法转让或买卖宅基地6类原因。

⑤权属争议：主要有家庭内部房产继承争议，相邻两村宅基地界址争议，邻居宅基地界线纠纷，宅基地无权属来源，权属登记有误，宅基地占河、湖、路保护线6类原因。

2. 化解办法

永丰县在进行广泛实地调研和摸底排查后，多次召开专题研讨会，讨论和制定宅基地历史遗留问题的处置政策。具体做法主要有三点：

永丰县在广泛实地调研和摸底排查后，多次召开专题研讨会，讨

① 为进一步了解永丰县宅基地制度改革历史遗留问题中的具体情形，笔者于2024年7月23日对永丰县农村宅基地制度改革试点工作领导小组办公室某领导进行了微信访问，由此获得了28种情形的具体所指。

论和制定宅基地历史遗留问题的处置政策。

①统一部署，全面摸排，确保问题底数“清”。永丰县按照以户找房、以房找人的方式，统一组织开展“地毯式”的宅基地历史遗留问题摸底调查，并建立县、乡、村三级上下联动机制，全面摸清宅基地的户数、面积、方位、“四至”、权属关系、获得时间、使用状况和农房使用的土地面积、房屋结构、建设时间、产权性质、使用现状、居住等现状情况，逐一建档立册，并安排专人制定责任清单，建立了一村一册的底数台账。

②分类施策，稳慎处置，做到解题路径“明”。一是明晰产权固化，健全退出机制，化解一户多宅问题。全县通过以地换房、置换农民公寓、货币化补偿、入股分红等途径，创新宅基地补偿机制和退出模式，解决了1186宗难以退出的宅基地问题。二是坚守占地标准，超占有偿使用，化解面积超占问题。截至目前，全县共妥善处理6433宗、宅基地超面积16.08万平方米。三是规范审批手续，引导有偿退出，化解非本集体经济组织成员占用问题。四是严守法律法规，杜绝乱搭乱建，化解违法违规问题。全县共摸排2013年以来违法违规占地建房12690宗125.4万平方米，依法拆除12183栋119.06万平方米。五是健全调处机制，妥善处置纠纷，化解权属争议问题。六是维护群众利益，保障户有所居，化解无地建房问题。全县首批19747平方米宅基地跨村跨乡镇配置成功，有效解决了多年来山区乡镇217户农户长期无地建房的历史遗留问题。（注：本点略去了一些内容）

③健全机制，规范管理，推动制度长久“立”。永丰县采用疏堵结合的原则，从源头上规避新的历史遗留问题的产生。通过沟通各相关政府职能部门，找准化解历史遗留问题的方法，同时建立长效机制，实行动态监管。比如出台《永丰县农村村民建房管理暂行办法》，明晰了一户一宅政策中“户”的内涵，明确了农村村民申请建房审批具体流程，实施了村民建房的现场公示制度，接受全村的监督。

3. 经验成效

截至目前，永丰县共处置了 4.8 万余宗宅基地历史遗留问题，成效显著，为着力破解农村宅基地历史遗留难题和深化宅基地制度改革提供了诸多经验借鉴。

（1）破解超占难题，重构公平氛围。永丰县通过探索有偿使用、稳慎处置超面积、多占宅基地等历史遗留问题。同时规定宅基地面积标准，坚持“多占宅基地，多交人民币”，对宅基地超占面积的农户收取有偿使用费，并引导一户多宅的村民有偿退出宅基地。永丰县各村庄随处可见简单朴实的标语，横向到边、纵向到底的浓厚宣传氛围，“一户只能一宅，建新必须拆旧”的公平观念家喻户晓、深入人心。

（2）化解矛盾纠纷，重塑和谐集体。永丰县建立“村民说事”平台，探索小组自治等微自治形式，坚持“一‘房’管一房”原则，引导村民在宗族内部协调化解土地纠纷。全县先后排查矛盾纠纷 102 件，化解历史遗留问题 90 件。下一步永丰县将继续扎实推进矛盾纠纷排查化解工作，及时摸排调处各类历史遗留问题，维护群众正当合法权益，提升村民的集体归属感。

（3）盘活闲置资产，实现集约利用。永丰县通过自营、出租、入股、合作等多种路径盘活闲置宅基地和闲置农房，并探索集体托管、乡贤助力、合作社促进等盘活模式，化解一户多宅、空心房等历史遗留问题。全县打造小种植、小电商、小农庄、小民宿、小作坊“五小产业”，盘活闲置宅基地和闲置农房 3239 宗 33.5 万平方米，村集体及农户因此增收 3700 余万元，促进了土地的集约化利用。

（4）强化规范管理，改善人居环境。永丰县集中整治村庄零散、闲置、乱搭乱建等历史遗留宅基地，并积极探索“宅基地制度改革+人居环境”模式，将零星闲置宅基地用于果树和草皮种植绿化。全县宅基地无偿退出村民乱圈乱占宅基地历史遗留问题 6012 宗 58.3 万平方米，通过“拆、改、清、建”等措施，完善提升基础设施，重点实施复垦、复绿、复美“三恢复”行动，整体提升了村容村貌。

## 第四节　创新资格权保障方式带动“三权”实现

如前所述，新一轮宅基地制度试点改革的核心目标是推进宅基地“三权分置”改革。其中，农户资格权作为一种新增的权利类型，如何认定和保障这一权利既是一个全新的挑战，也是改革的难点和成功的关键所在。为此，永丰县严格按照农业农村部的《试点工作指引》，紧紧围绕农户资格权的认定和保障展开工作，并将其作为推动宅基地“三权分置”改革顺利实施的“牛鼻子”。

### 一、中央对“三权分置”改革的指引

2020 年 11 月 17 日，农业农村部印发《试点工作指引》，在“探索宅基地农户资格权保障机制”中提到：

> ①探索宅基地资格权的认定办法。在做好农村集体经济组织成员身份确认工作的基础上，按照一户一宅、限定面积的原则，细化以农户为单位分配取得宅基地的具体条件和实施办法。指导农村集体经济组织开展宅基地资格权人认定和登记工作，建立相关登记台账。
>
> ②探索宅基地资格权的多种实现形式。探索通过分配宅基地之外的其他方式实现宅基地资格权的可行性。探索一定条件下宅基地资格权的保留和重获机制。允许试点地区在尊重农村集体经济组织和农民意愿的前提下，探索在一定时间节点后固化宅基地资格权的可行途径和具体办法。

## 二、永丰县认定和保障资格权的制度内容

永丰县在农业农村部《试点工作指引》的指引下，出台了一些专门性制度，包括《永丰县农村宅基地资格权认定工作实施方案》《永丰县农村宅基地资格认定指导意见》《永丰县农村集体成员宅基地资格权认定及管理办法（试行）》[①]；《永丰县农村宅基地资格权“三固”实施方案》和《永丰县农村宅基地建房审批“户”认定实施办法》。下面择其要点予以说明：

1. 农户资格权及其权能

农村宅基地资格权指农村居民户依法取得享有占有和使用宅基地的权利。

取得农村宅基地资格权的农村村民，享有以下权能：

①无偿取得权。宅基地资格权人按照程序向农村集体经济组织申请并无偿取得宅基地的权利。

②受让取得权。宅基地资格权人通过受让集体内其他成员的宅基地取得宅基地的权利。

③择位竞价权。宅基地资格权人参与宅基地择位竞价取得有区位优势的宅基地的权利。

④收益分配权。宅基地资格权人流转或退出宅基地使用权获得相应收益或补偿的权利。

⑤转让处分权。宅基地资格权人在不违背集体所有权规制的情况下，可以让渡一定期限内宅基地使用权的权利。

⑥终身持有权。除依法转让宅基地或者农房外，宅基地资格权一旦取得，如无特殊情况，将终身持有。

取得农村宅基地资格权的农村村民，取得农村宅基地（或村居社区公寓等）后，其无偿取得权、受让取得权、择位竞价权自动失效。

① 笔者注：该制度是对前两项制度的完善和替代。

2. 资格权人的认定情形（资格权户的认定情形从略）

符合下列条件之一的人员可认定为资格权人：

①在20世纪50年代创设农业合作社的入社成员，包括当时入社成员的户内全体人员，自然取得该集体经济组织成员资格，并认定为宅基地资格权人。

②由本集体经济组织成员繁衍，并在该集体经济组织共有的土地上生产、生活的。

③与本集体经济组织成员形成法定婚姻关系（嫁入或入赘），并已放弃原居住地集体经济组织成员资格的。

④农村集体经济组织成员家庭经过合法程序收养的子女。

⑤因国家建设或其他政策性原因迁入（下放未回城的知青等）或经法定程序加入的。

⑥户籍在本集体经济组织的大中专院校学生、毕业生及现役军人（不含现役军官），复员、退伍军人。

⑦户籍在本集体经济组织，因外出经商、务工等原因进城入镇，脱离集体经济组织所在地生产生活，未曾自愿放弃其集体经济组织成员权利义务的人员。

⑧户籍在本集体经济组织的服刑人员、社区矫正人员、刑释解戒人员，仍在原村生产生活的。

⑨原户籍不在本村的非婚迁户户口，居住满五年以上且经本村集体经济组织2/3以上村民同意的。

⑩离异后未再婚，且户口仍保留在本村组的妇女。

⑪其他需要协商认定条件的农村居民。

⑫法律法规和政策规定的其他情形。

3. 资格权“三固”保障方式

①取得固定，登记固化。以户籍所在地为前置条件，宅基地资格

权可以通过因初设取得、因出生取得、因婚姻或收养关系迁入取得、因法律或政策规定迁入务农而取得、协商加入取得和法律法规和政策规定的其他情形取得，按照认定到人、登记到户、固化一年、动态调整的原则，以颁发的“房地一体确权证书”为依据，建立登记台账。

②保留权限，发证固化。以摸底调查登记结果为依据，对符合条件需要建房的或暂时没有建房需求尚未申请宅基地的、对农村增减挂或集体其他行为征地，宅基地资格权人通过自愿有偿退出，放弃在本村或异地建房而到城市购房居住的，可向村集体经济组织申请或保留宅基地资格权一定年限，按程序给予颁发《宅基地资格权证书》。

③退出资格，程序固化。区分宅基地资格权暂时退出和永久退出，针对举家进城就业、购房自愿放弃（永久退出）宅基地资格权的，村集体经济组织成员必须和资格权人签订退出协议（承诺书），给予奖励和补偿。允许农户与村集体经济组织签订协议、阶段性放弃宅基地使用权、保留（暂时退出）资格权。因不适应城市生活或在城市难以生存等原因再次回到原集体，在退还原宅基地补偿款且符合集体经济组织成员身份条件的，可给予宅基地资格权重获机会。

## 第五节　推动县级制度在乡村社会的嵌入式运行

前文已述，永丰县经过“几上几下”不断修改完善相关制度文件；到目前为止，县、乡、村组分别制定了体系相对完善的宅基地制度改革与管理制度。然而，要使改革取得成功，绝不是仅有制度文本就够了，而是必须创新一种制度下沉渠道，使上层改革精神演变成为村庄内部共享的知识体系和行为规范。此即是制度嵌入意义上的制度规则在地化建构过程。

## 一、建立四级联动机制形成村级宅基地制度改革办法

改革之初，永丰县将各个试点村的村干部和村民事务理事会理事长及骨干成员进行集中培训；讲清楚宅基地制度改革是什么，为什么要进行宅基地制度改革，宅基地制度改革有什么好处，然后要求他们在本村进行调查，摸清本村的历史遗留问题及推进宅基地制度改革的基本思路和办法。在这个过程中，建立了多方发力的协同机制（具体见下文），如此，各村都能结合本村实际情况，形成本村推进宅基地制度改革的具体规则和办法。

建立多方发力的协同机制。多方发力第一个是由政府层面推动，所有的县领导都负责宅基地制度改革工作，每个乡领导要负责1~2个行政村，乡政府干部要驻村把宅基地制度改革任务落实下去，在村组层面多方发挥村组干部以及乡贤的力量实现统筹推进，最重要的一点就是发挥群众的力量，推动基层自治。所以这些改革政策不是县里发文下去照着改，改革出台的几十项制度，有些乡镇层面上还是框架式的，能够写细的就写细，不易写细的就宜粗不宜细。到了村组这一级，尤其是组里面，再根据实际情况制定自己的做法，做到有法依法，无法依规，无规依俗。因为每个村的民俗风俗、实际情况都不一样，县里没办法把所有的情况都包下来，所以我们的政策制定也是要根据实际情况。——参见宅基地制度改革办访谈记录

经过上述途径形成的村级宅基地制度改革措施或办法，在坚守面积县定之一户一宅基本原则的基础上，具有显著的村级色彩，实质上已内化成为村庄共识，成为村民自觉遵守的行为规范。一是关于“一户”，永丰县允许各村综合采用“户籍+人地关系”的认定标准，对县定标准做适当的调整或细化。二是关于“一宅”，永丰县允许各村制定适用于本村的“一宅”面积标准。三是关于有偿使用费的征收标准，永丰县允许各村因地制

宜制定本村的征收标准。从具体执行效果来看，村集体之间的补偿标准存在较大的差异，有的按县标准，有的则不是，且各村的规定详略不同；但无论怎样，标准的制定均需通过集体表决。四是关于宅基地制度改革路径，各村均能根据本村实情，选择不同的模式或路径。例如，有的村选择村庄整治及美化模式，有的村主要选择盘活利用模式，有的村选择土地置换后集中安置模式，有的村选择将多种模式嵌套在一起的宅基地制度改革路径。

综上可知，永丰县已经将县级宅基地制度改革要推行的制度（公共政策）深深地嵌入于村级组织（或区域）中，由此将县级范围内本具有一般性的制度分化成为极具村庄色彩的地方性制度。这与法律人类学关于法律在实施过程中会分化成为地方性知识的观点不谋而合。例如，美国文化人类学家克里福德·吉尔兹[①]认为，法律与民族志有相似之处——两者都“致力于在地方性实际状况中看到概括性的原则”；他在考察印度法律时发现，印度法律在其普及的过程中，将与之相遇的东西都变得各自独具特色，其领域呈颗粒状，将一种高度普遍性而又高度抽象的形式分化成一群高度个别化而又高度具体的许多个体现象表现出来，是一个化身的世界。也就是说，在法律人类学家看来，法律（包括一般性的公共政策或普遍性制度）在其实施和发展的过程中，会将“成纲成条”的普遍性规定，分化成为具有多种含义和所指的地方性知识，其背后的根本原因就是制度在当地的嵌入。

## 二、说服动员群众的宣传方式及内容

众所周知，我国现行法律规定农村宅基地属于村农民集体所有，农户只有使用权，且一户只能拥有一处限定面积的宅基地。然而，村民大多认为宅基地属于自己私有的祖业（或祖产）。在实地访谈和观察之后，团队对永丰县 304 户农户户主的土地产权认知进行了问卷调查，发现共有

---

① 克利福德·吉尔兹．地方性知识——阐释人类学论文集［M］．王海龙，张家瑄译．北京：中央编译出版社，2000：223，255.

85 位户主“完全赞同”宅基地是祖业，还有 127 位户主“比较赞同”宅基地是祖业，两者累计占比高达 69.7%。

针对这一问题，永丰县在公路旁、道路口、村庄内等各处显要的位置，有针对性地印刷如下标语：宅基地不是祖业，是集体资产；坚持一户一宅、保障户有所居；一户只能一宅、建新必须拆旧；多占宅基地、多交人民币（见图 4-2）。

**图 4-2　永丰县宅基地制度改革宣传标语（举例）**

团队从县农村宅基地制度改革试点工作领导小组办公室领导的访谈中得知，政策宣传确实在制度下沉过程中起到了相当重要的作用：

宅基地制度改革宣传的作用怎么说都不为过，因为宅基地制度改革可能是现在农村工作中最复杂，涉及利益纠纷最大的一项改革。要去推进确实很难，像我们做了一年多，有些人思想是通了，有些人还是不理解。所以说宣传第一步就是要把整体的氛围给营造起来，让村民充分了解宅基地制度改革的政策，明白大家都是这样做的。第二步就是在实施过程中要动员各种力量去推动，在攻坚克难时发挥村组干部、乡贤等的力量，在这个过程中可能需要反复去做农民的思想工作。另外有关宅基地制度改革的政策文件以及精神需要不断地学习，所以我们现在在不断地培养宅基地制度改革明白人，县乡村都要有熟悉政策、会操作的人员，同时我们要多次请专家教授、专业的人士来给我们指导。——参见县宅基地制度改革办访谈记录

永丰县还充分利用新闻媒体，微信群、QQ 群等各种网络宣传工具以及其他舆论和宣传工具，在县域范围内全面广泛地宣传宅基地制度改革的目的和意义、政策措施，大力营造改革氛围，使其达到家喻户晓的程度。主要宣传方式如表 4-3 所示。

**表 4-3　永丰县宅基地试点改革宣传发动方式及其进展**

| 类型 | 目的 |
| --- | --- |
| 新闻媒体 | 及时组织对改革典型事件、典型人物的宣传报道，弘扬改革正气 |
| 网络宣传 | 通过微信、短信、微电影宣传改革政策，点赞改革先进事迹 |
| 会议宣传 | 通过干部群众大会、党员会议、理事会议、座谈会，搅动（固有）思想，凝聚共识，掀起改革热潮 |
| 广告宣传 | 通过制作宅基地制度改革宣传栏，书写宅基地制度改革标语，扩大广大群众的知晓率 |
| 资料宣传 | 向全县农民分送《致农民朋友的一封信》、宣传画、宣传册、知识问答等资料，将改革政策（内容）送至千家万户 |

续表

| 类型 | 目的 |
|---|---|
| 流动宣传 | 各乡镇利用流动宣传车到各村开展巡回宣传，激发广大群众的参与热情，做到宅基地制度改革试点工作人人知晓，深入人心 |
| 参观典型宅基地制度改革试点 | 通过带领村组党员干部、理事、群众代表参观前期典型宅基地制度改革试点，从感性上认识到改革的好处，充分发挥榜样的作用 |
| 校园宣讲 | “大手牵小手”，到校园宣传宅基地制度改革的政策、成效、典型事迹 |

综上可知，永丰县的宅基地制度改革宣传主要有两个特色：一是以问题为导向，专门针对农民偏误的产权观念进行法制宣传和教育；二是充分运用各种宣传工具，广泛宣传动员群众支持改革。通过两类宣传和教育，改革共识得以凝聚。一方面，广大群众逐步改变了以往的祖业观。当团队随机询问一些村民对自家宅基地所有权的看法时，村民的回答基本上与村口标语一致，树立起了宅基地是集体资产的产权观念。另一方面，通过广泛宣传在全县上下有效营造了支持改革就是“为子孙谋利、为集体造福、为村庄争光”的舆论氛围，激发和调动了群众自觉参与改革的积极性，变“要我改”为“我要改”“无偿退出也要改”；有的群众甚至说：“如果改革早几年就更好了，村里也不会浪费这么多良田建房”。

## 第六节　以因村制宜方式运行县级制度：博弈分析

前文分析了县级制度体系下沉至村的过程和方式。接下来需要研究的问题是，试点村又是如何执行县级制度体系的？是在坚持原则的前提下结合本村实际灵活执行（因村制宜），还是各村庄原原本本“一刀切”式执行？就此，本节通过构建博弈模型，深入探讨该问题。

## 一、模型建构

永丰宅基地制度改革过程中，按照职能及行为模式的不同，可将相关主体分为县级领导主体（如县农村宅基地制度改革试点工作领导小组办公室等）、监督主体（乡镇政府及村委会）、实施主体（村民事务理事会）以及改革参与主体（农户）四类。村民事务理事会的理事长必须由本村村干部兼任，成员则由村内各房股中有威望的村民代表担任。这种组织结构虽然有助于动员群众支持改革，但由于理事长和理事会成员同时也是本村村民，与普通农户共享利益诉求，且世代同村而居，这样的身份背景和社会关系特别容易创造出有效沟通的条件，促成理事会与农户之间的默契合谋关系。基于这一观察，本书拟构建一个考虑村民事务理事会与农户之间存在合谋关系的三方博弈模型，以深入分析本轮宅基地制度试点改革中理事会的行为模式。

1. 基本假设

假设一：所有博弈参与者都是理性的，他们的行为严格追求自身效用的最大化。

假设二：信息是完全透明的，即博弈的各方对彼此的资源禀赋、行动选项及效用函数均有清晰的了解。因此，这一合谋博弈可以被视为完全信息动态博弈。

假设三：如前所述，永丰宅基地制度改革的目标涉及多个方面，但核心仍是在坚持一户一宅原则的基础上，推进超占退出、有偿使用、盘活利用及其他后续改革举措。

为简化分析，本处将重点放在如何落实“一户一宅”这一基本使用制度上。

2. 局中人

县宅基地制度改革办主要负责制定与宅基地制度改革相关的可操作规章制度，并不直接参与具体的制度实施和博弈过程。实际参与博弈的主要有三方：村民事务理事会（i=1）、农户（i=2）以及乡（镇）和村的党委行政机构（简称为乡镇政府及村委会，i=3）。

3. 行为动机

局中人 i1 和局中人 i2 合谋的主要动机在于尽量软化一户的适用标准并扩大一宅的面积，以期通过一户多宅或一户大宅获取更多的财产性利益。而局中人 i3 的行为动机则是通过严格执行县级领导机关交办的监管任务，确保自身政绩，以获取上级的政绩奖励和认可。

## 二、博弈过程

1. 策略空间

从理论上讲，三方博弈共分为两轮进行。在第一轮博弈中，局中人 i1（村民事务理事会）和局中人 i2（农户）的合谋策略空间为 S1、S2={突破一户一宅原则，遵守一户一宅原则}；而局中人 i3（乡镇政府及村委会）的策略空间则为 S3={严格监管，不严格监管}。在第二轮博弈中，i1（村民事务理事会）和 i2（农户）的合谋策略空间为 S1、S2={刚性执行，变通执行}，而局中人 i3（乡镇政府及村委会）的策略空间依旧为 S3={严格监管，不严格监管}。

2. 博弈过程

在第一轮博弈中，如果局中人 i1 和 i2 选择突破一户一宅原则进行合谋，在未遭到严格监管的情况下，双方都可以获得相对最大的财产性收益 U1（包括免缴有偿使用费）。然而，若他们遭遇严格监管，理事会干部（特别是理事长）将面临严重的处罚 C1，而此时 C1 大于 U1。在现实中，尽管对 i2 的处罚很难有效落实，但他们也无法获得 U1，收益计为 0。因此，i1 是否选择突破一户一宅原则与 i2 合谋，完全取决于局中人 i3 的行动策略。如果 i3 选择严格监管，他们将获得正常的政绩报酬 U2，但必须承担监管成本 C2。相反，如果选择不严格监管，虽然可以节省监管成本 C2，但由于未履行监管职责，将面临来自县级政府的最严厉处罚 C3，而此时 C3 大于 U2 减去 C2。因此，理性的乡镇村干部会倾向于选择严格监管，这构成了一种可置信的威胁，迫使 i1 和 i2 选择遵守一户一宅原则，从而使博弈进入第二轮。

在第二轮博弈中，局中人 i1 和 i2 可以选择刚性执行或变通执行一户一宅制度。当 i1 和 i2 选择刚性执行时，无论 i3 采取严格监管还是不严格监管的策略，i1 和 i2 都会面临既得财产损失 C4。具体来说，这种损失可能表现为退出多占的宅基地或缴纳有偿使用费，甚至是两者兼而有之。然而，选择刚性执行也使 i1 能够获得业绩奖励 U3。对于 i3 来说，选择严格监管的收益是正常的政绩报酬 U2，但同时也需要支付监管成本 C2。如果选择不严格监管，尽管可以节省监管成本 C2，收益仍然是正常的政绩报酬 U2，但监管成本为 0。因此，从收益角度看，i3 可能倾向于严格监管，以确保博弈中的稳定和其政绩目标的实现。

反之，当 i1 和 i2 选择变通执行时，虽然严格遵守了一户一宅基地制度改革革原则，但 i1 仍可获取正常的工作业绩奖励 U3。此外，作为村民理事会的成员，尤其是理事长及其家庭，他们还能与普通村民一起获得一定的财产收益 U5（U5 虽小于合谋突破一户一宅所带来的 U1，但风险较低）。更为重要的是，通过与 i2 保持良好的合作关系，i1 还能够获得乡亲的称赞和拥戴，这种社会认可带来的附加效用可计为人际效用 U4。对于 i2 而言，选择变通执行不仅可以获得部分财产收益 U5，还避免了支付额外的改革成本，如有偿使用费或宅基地退出费用。因此，i2 的总收益在风险与收益之间达到了相对平衡。同时，i3 在这种情境下的选择显得相对不关键，因为无论选择严格监管还是不严格监管，其收益都是正常的政绩报酬 U2。但选择严格监管需要支付一定的监管成本 C2，而选择不严格监管则可以节省这一成本。由于 i1 的方案已符合一户一宅基地制度改革革的基本原则，i3 可能会倾向于选择不严格监管，以实现成本最小化，同时保持改革的顺利推进。

据此，构建的博弈树模型及收益矩阵如图 4-3 所示。

## 三、模型求解

图 4-3 显示，在第一轮博弈中，局中人 i3 选择严格监管时，其收益为

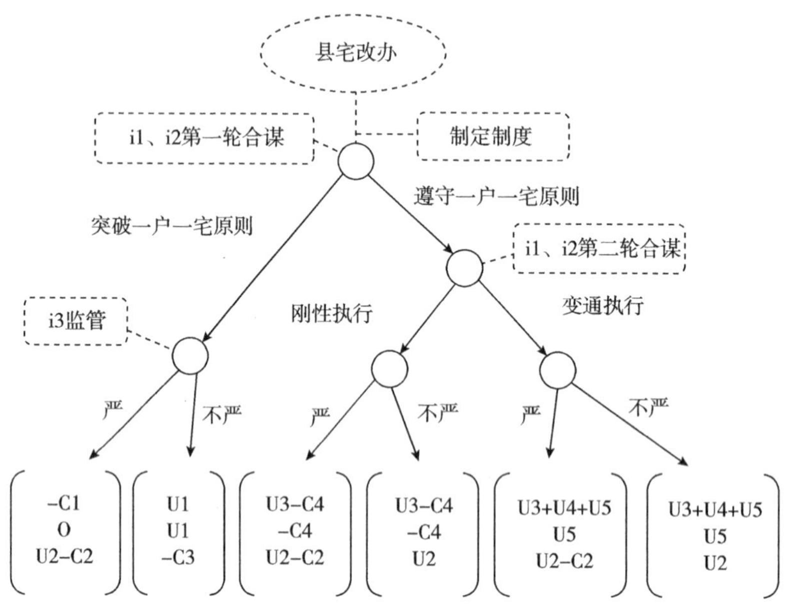


**图 4-3 永丰县宅基地制度改革制度因村施策必然性的博弈模型**

(U2-C2)，而选择不严格监管的收益为-C3。由于-C3 代表了因渎职行为所面临的处罚，这种惩罚可能会严重影响乡村干部的政治前途，因此有-C3<U2-C2。在这种情况下，理性的乡镇村干部会倾向于选择严格监管，以避免严厉的政治和职业后果。这一策略选择将迫使局中人 i1 和 i2 选择遵守一户一宅原则，从而使博弈进入第二轮。

在第二轮博弈中，各局中人基于各自的收益情况，表现出以下策略选择：对于 i1：无论 i3 采取严格监管还是不严格监管策略，其与 i2 合谋选择变通执行的收益（U3+U4+U5）都要大于刚性执行策略下的收益（U3-C4)。因此，变通执行成为 i1 的占优策略均衡。对于 i2：无论 i3 采取何种策略，其与 i1 合谋变通执行的收益（U5）都大于在刚性执行下的收益(-C4)。因此，i2 也会倾向于选择变通执行作为其占优策略均衡。对于 i3：无论 i1 和 i2 采取何种策略，其选择不严格监管的收益（U2）都要大于严格监管的收益（U2-C2)。因此，i3 选择不严格监管使其占优策略均衡。总之，在第二轮博弈中，各局中人出于自身利益最大化的考虑，普遍倾向于选择变通执行和不严格监管的策略，导致了改革过程中实际操作上的柔性执行，对政策的严格落实产生影响。

综上可知，在永丰县以“一户一宅”基本使用制度为原则的试点改革中，通过乡镇政府、村委会、村民理事会和农户之间的三方博弈，最终达成了一种均衡状态：乡镇政府及村委会在严格监管、确保村民理事会和农户遵守“一户一宅”原则的前提下，默许村民理事会与农户通过变通执行的方式，推进县级政府制定的宅基地制度改革政策。这种均衡模式反映了四级联动制度下，村民理事会在宅基地制度改革中所采取的灵活而务实的行为模式。这是一种因村制宜的制度实施方式，试点县级制度的其他内容也将会以这种方式得以施行。

## 本章小结

本章系统分析了永丰县宅基地制度试点改革的实施路径，旨在探讨中央宅基地制度改革制度在下沉至试点县后如何被细化并转化为县级制度体系，并在重要改革领域推广至全县各试点村庄。

第一节围绕中央设定的改革底线和核心目标，分析了永丰县宅基地制度试点改革的目标和任务。永丰县在遵循中央关于“土地公有制性质不变、耕地红线不突破、农民利益不受损”的底线要求的同时，结合地方实际，通过创新和完善县级制度体系，确保改革的稳步推进。县级改革目标在中央的框架下，适应了本地的具体需求，突出了县级改革在“集体所有权”不变的前提下进行的创新性实践。

第二节对永丰县为完成中央宅基地制度改革任务所制定的县级制度体系进行了详细分析。永丰县根据中央的“五探索、两完善、两健全”改革任务，制定了覆盖宅基地所有权、资格权和使用权的全面制度体系。通过明晰所有权归属、探索资格权认定方式、完善使用权流转制度等措施，永丰县在宅基地制度改革过程中逐步构建了具有地方特色的制度框架，为改革的顺利实施提供了制度保障。

第三节深入探讨了中央关于历史遗留问题的规定及其在永丰县的具体化过程。永丰县在处理历史遗留问题时按照中央的指导意见，重点摸清一户多宅、面积超标、违法违规占地等问题，制定了针对性的处理办法，包括无偿退出、补办手续、有偿使用等方式。永丰县通过这些措施逐步化解了宅基地历史遗留问题，为全面推进宅基地制度改革奠定了坚实基础。

第四节重点分析了农户资格权的中央规定及其在永丰县的具体实施。农户资格权作为“三权分置”改革中的新增权利类型，是改革的难点和关键所在。永丰县严格按照中央的《试点工作指引》，通过资格权的认定和保障措施，确保农户的宅基地资格权益得到有效落实。同时，永丰县创新性地提出了资格“三固化”模式，探索资格权的动态管理与保障方式，为宅基地“三权分置”改革的成功提供了重要支持。

第五节从制度嵌入性的视角，分析了永丰县如何将县级制度文本嵌入村庄社会。通过建立多方联动机制，永丰县有效推动了村级宅基地制度改革办法的形成，使县级制度能够在村庄层面得到切实的落实。这一过程展示了永丰县在制度实施过程中所采取的基层动员和宣传策略，确保了改革措施在地方的有效性和可持续性。

第六节的研究揭示了深嵌于四级联动制度中的村民理事会在宅基地制度改革中的独特行为模式。通过三方动态博弈的分析可以看出，乡（镇）政府及村委会在严格监管、确保村民理事会和农户遵守“一户一宅”原则的前提下，默许村民理事会与农户合作，通过“变通执行”的方式来推进县级政府制定的相关政策。这种合作模式为改革的执行带来了必要的灵活性和适应性，有效地缓解了宅基地制度改革过程中可能出现的社会矛盾，确保改革的顺利推进。

综上所述，本章通过对永丰县宅基地制度试点改革的目标、制度体系、历史遗留问题处理、农户资格权保障、制度嵌入及其博弈机制等方面的全面分析，为后续章节的村级宅基地制度改革案例研究奠定了理论和实践基础。下一章将进一步探讨这些具体案例的实践效果，揭示宅基地制度改革在村级层面的具体表现和成效。

# 第五章

# 新一轮宅基地制度改革典型案例描述：以永丰5个村为例

本章的研究目的是在前文分析所得到的宅基地制度改革应然模式及其实践形态的基础上，选择一个国家级试点县（江西永丰县）作为研究案例，进行深入系统的案例研究。之所以选择江西永丰县作为研究对象，原因有两个：其一，江西永丰是新一轮试点县，全面学习了自身及其他试点县的第一轮试点经验，并在其基础上作了进一步的探索和创新；其二，江西永丰在本县范围内根据村庄资源禀赋（状态）差异选择了不同的改革模式（基本上包含了5类应然模式），达到案例研究理论抽样的要求。基于此，本章按照图3-1所示的要素对永丰试点县内的5个试点村庄案例进行描述。由于宏观的制度结构在第三章第二节中已得到全面表述，本章从略。

## 第一节　杨家坊村案例描述

### 一、村情及宅基地底数

杨家坊自然村隶属于永丰县佐龙乡西塘村委会，位于绕城公路旁，距离县城主城区 6 千米，交通便利。村内有 73 户共 312 人，村民多姓杨，祖先大多来自吉水，与杨万里同宗。村庄拥有 305 亩耕地和 408 亩林地，人均土地资源相对丰富。根据第三次全国国土调查等成果，全村有 86 宗宅基地，占地 26.8 亩，共有 106 幢房屋。杨家坊村自然风光优美，水系环绕，古樟树和枫树众多。主要种植作物包括水稻、绿叶蔬菜、脐橙、葡萄和李子，发展产业有农家乐、民宿、菜园、果园和竹制品加工厂。2020 年，该村被乡党委政府列为美丽乡村精品村点，随后村庄开始美丽蜕变。2021 年，杨家坊村被永丰县人民政府列为新农村宅基地制度改革示范点（见图 5-1）。

**图 5-1　杨家坊村宅基地制度改革基本情况**

## 二、面临的问题和阻力

1. 违法违规占地建房

20 世纪 80 年代，杨家坊村村民除从事传统农业外，还从事砖瓦加工业。由于村里丰富的林地资源和原材料，村民经济条件逐渐好转。然而，因当时缺乏严格的土地用途管制，许多村民错误地认为集体土地可以自由支配，开始私搭乱建，随意圈地建房。

2. 一户多宅

在宅基地制度改革工作启动前，杨家坊村共有 11 户存在一户多宅的情况。由于宅基地长期作为一种无偿福利供给，具备社会保障功能，村民普遍倾向于尽可能多地获取宅基地，导致“建新不拆旧”现象普遍存在。

3. 面积超标

宅基地制度改革前，杨家坊村有 60 多户村民的宅基地使用面积超标，超占现象严重。由于村内早期没有规定宅基地使用面积的标准，许多村民倾向于通过建围墙圈占大面积土地，用于搭建住房、杂物间、猪牛栏等建筑，导致一户大宅现象广泛存在。

4. 宅基地闲置

随着工业化、城镇化进程加快以及城镇虹吸效应的增强，大量青壮年村民进城务工、经商，杨家坊村逐渐出现“空心村”现象。由于城市生活竞争激烈，许多人选择保留农村宅基地作为最后退路，导致大量住宅和宅基地闲置。

5. 财产功能消失

宅基地兼具财产和社会保障功能，但由于缺乏退出机制，大量房屋闲置。同时，政策规定宅基地使用权只能在村集体内部流转，限制了其财产功能的实现。此外，宅基地制度改革前法律禁止宅基地抵押贷款，使宅基地的财产功能难以有效发挥。

6. 祖业观极为严重

农村居民尤其是老年人普遍认为“宅基地是祖业”，为了守住这份“祖业”，即使废弃的房屋也坚决不允许拆除。还有部分村民认为自家宅基地是经过合法审批得到的（早期审批不规范），即使超占也不愿意缴纳有偿使用费。

## 三、推进宅基地制度改革的重要举措

1. 坚持“党建引领+群众主体”

杨家坊村全面激活村“两委”班子的工作热情，村党支部在宅基地制度改革中发挥了“主心骨”作用。通过“五带头”措施，党员干部和理事会成员在宣传宅基地制度改革政策、退出多占宅基地、拆除超占面积、缴纳有偿使用费等方面起到表率作用。他们还通过带头劝说亲朋好友支持宅基地制度改革，组建党群理事会，建立健全党支部领导下的村民理事会体系。为提高村组干部和农民群众的素质，进行分级分类培训，培养出一批熟悉政策、精通业务的宅基地制度改革“明白人”。同时，成立乡贤联谊会，借助党员干部的带头作用和乡贤的引导力，打造“党建+自治”等品牌，确保宅基地制度改革工作的顺利推进（见图 5-2）。

**图 5-2　杨家坊村总结提炼的宅基地制度改革举措**

2. 转变村民旧有产权观念，改出集体意识

长期以来，杨家坊村村民普遍认为拆除破旧的老房子就是破坏祖业，这种“保祖业”的观念根深蒂固。为推进宅基地制度改革，村党员干部和理事会成员多次召开村民大会，并走访每一户村民家中，耐心宣讲宅基地制度改革政策。此外，他们还在村里张贴宣传标语，积极开展思想工作，使村民逐渐接受宅基地为集体所有的理念，从而支持和拥护宅基地制度改

革工作。

3. 突出“拆旧拆废+改建新建”

在宅基地制度改革试点过程中，杨家坊村党支部和村委会始终将“拆旧拆废”作为突破点，集中拆除了各类违规建筑、残垣断壁、废弃圈舍以及闲置的空心房，做到应拆尽拆。同时，他们还以“改建新建”为关键点，改造和新建了展示馆、出租房、新时代文明实践站、村民活动中心等，将这些房屋资源进行综合利用，极大地改善了村庄的整体面貌（见图5-3）。

**图 5-3　杨家坊村宅基地退出整治效果举例**

4. 盘活“两闲”，创新“三改”

在保障户有所居的前提下，杨家坊村推出了独创的“三改”举措，倡导村民将闲置宅基地改为产业园地，将闲置宅基地和农房改造为农旅善地，并将闲置农房改造成工业作坊，让村民在改革中切实获得收益，推动村庄经济的发展。

5. 创新“集体收回+集中托管”模式

宅基地制度改革全面开展以来，杨家坊村集体依法收回了 2 万余平方米的宅基地，并按照“三个三分之一”的思路进行盘活利用，即三分之一作为新增农户宅基地的预留地，三分之一用于建设停车场、游园和道路等基础设施，另三分之一（主要是托管的闲置宅基地）用于复垦复绿，建设菜园和果园，村庄的整体面貌焕然一新（见图 5-4）。

**图 5-4　杨家坊村宅基地制度改革基本情况**

6. 搭建“共享农房”托管平台

杨家坊村积极探索“共享农房”模式，即将农村闲置农房的使用权出租。农户将闲置房屋托管给村集体，由村集体经济合作社流转给第三方经营，建立起供需双方的互联网共享平台。这样不仅使闲置农房重新焕发生机，还为村民带来了实际的经济收益。例如，村民杨小辉将闲置农房托管给村集体，村集体与江西新余博迅汽车有限公司合作开展民宿服务，村集体和个人年租金收入均在 3000～5000 元。杨家坊村已有 9 户农户加入了“共享农房”托管平台。此外，企业支付的租金不仅用于抵扣当年的宅基地有偿使用费，剩余的部分还由村集体和村民协商分配，基本实现了企业、集体和个人的三方共赢。

## 四、取得的宅基地制度改革成效

1. 宅基地“乱占滥用”现象基本消失

2022 年，杨家坊村顺利开展了宅基地资格权的认定工作，全村 73 户村民现场领到了“宅基地资格权登记证”。其中，理事长杨小辉带头缴纳宅基地有偿使用费，带动 49 户村民一共缴纳了 16470 元。自 2020 年 9 月以来，村里共退出危旧空闲农房、围墙等 2 万余平方米，拆除了 8000 多平方米的老房子、杂物间和猪牛栏，村民纷纷选择无偿退出宅基地，只有 4 户选择了宅票形式。这一系列举措有效遏制了宅基地乱占滥用现象，村里的土地使用更加规范有序。

2. 村庄环境更优美，村民生活质量提升

杨家坊村曾经是“垃圾靠风刮，污水靠蒸发，家里现代化，屋外脏乱差”，但在宅基地制度改革和美丽乡村建设的推动下，如今已经蝶变为“污水有了家，垃圾有人拉”的生态宜居美丽家园（见图 5-5）。村庄道路全部硬化，村民出行更加方便；村集体在收回的宅基地上种满了百日菊，让村子里处处鸟语花香。村庄内的旅游设施逐步完备，村民闲暇时可以在村内的休闲场所放松心情，生活质量大大提高。

图 5-5　杨家坊村宅基地制度改革前后对比

3. 乡村产业更兴旺，带动村集体经济发展

2021年底，理事长杨小辉利用宅基地抵押贷款30万元，用于发展农家乐和乡村民宿产业。2022年6月，他又一次性签下了3份闲置农房托管协议，计划在3年内将村民的闲置农房开发建设成农家乐。这些创新举措激活了宅基地的财产功能，大大提升了闲置农房和宅基地的利用率，也为村民创造了更多的就业机会。杨家坊村的乡村产业因此更加兴旺，村集体经济也随之壮大。

## 五、宅基地制度改革经验总结

1. 凝练了工作思路

在宅基地制度改革过程中，杨家坊村党支部和村委会总结并实施了"一领二拆三改"的工作思路（见图5-6）。"一领"指党员干部带头，广泛动员群众，并让新乡贤成为宅基地制度改革的新生力量；"二拆"包括拆除村民的"心墙"，即改变固有观念，树立"宅基地是集体资产"的理念，同时拆除实际的围墙，通过统一标准和原则，赋予村民充分的话语权，公示后由村民自行安排拆除围墙计划；"三改"则涵盖村庄环境改美、集体经济改富和民心改平。通过借助宅基地制度改革契机，推进农村厕所革命、人居环境整治和美丽乡村建设，打造"五美"乡村，同时盘活集体闲置资源，实现财产性价值变现，增加村集体和农民收入。最后，通过坚守住宅基地制度改革底线，使农民内心认同并坚持一户一宅原则，既满足了对共享宅基地使用权的需求，也激发了乡村振兴的活力与内生动力。这一套行之有效的工作举措为其他类型村庄推进宅基地制度改革提供了宝贵经验。

2. 创新了资格权认定的"八步法"

永丰县在宅基地资格权认定上采取了"八步法"操作流程：第一步，制订本乡宅基地资格权认定实施方案；第二步，起草本村的认定办法草案；第三步，在所有村民组中征求意见；第四步，根据反馈形成认定办法的讨论稿；第五步，由村委会组织村民代表讨论并表决通过，并进行公示；第六步，将公示无异议后的认定办法报送乡政府审批；第七步，村宅

**图 5-6　杨家坊村创新的“一领二拆三改”的工作思路**

基地制度改革领导小组依据批复后的办法开展认定工作；第八步，发放资格权证书。杨家坊村党支部和村委会在这一“八步法”指导下，严格按照“三固化”（取得登记固化、保留发证固化、退出程序固化）的流程，确保做到不漏一人、不错一户，实现了农村宅基地资源的公平合理分配。这一有效举措得到了永丰县农业农村局农村宅基地制度改革试点工作领导小组办公室的高度认可，已在全县范围内推广。

3. 创新了不同的盘活模式

杨家坊村在宅基地制度改革中推出了“盘活利用”模式，以土地资源的节约集约利用和经济发展为目标，提供了适合交通便捷且人均土地资源丰富地区的宝贵经验。该模式包括四类：一是“宅基地制度改革+‘共享农房’”，村民将闲置宅基地和住宅托管给村集体，再通过出租、入股、合作等方式发展乡村产业，激活农村沉睡资产，促进城乡资源双向流动。二是“宅基地制度改革+农地流转”，村集体将收回的闲置宅基地复垦为菜地，吸引蔬果种植大户，村民以每年 500 元一亩的价格流转农地，提高土地利用率，增加收入，并促进现代农业技术的应用。三是“宅基地制度改革+林改”，村集体统一经营全村林地，将部分林地租给竹制品加工厂，另一部分改建为果园，每年实现约9万元的收入，这一模式盘活了闲置土地，提供了宅基地制度改革和新农村建设的资金支持。四是“宅基地制度改革+田园综合体”，结合宅基地制度改革，打造集油菜花观光、垂钓、脐橙等果蔬采摘为一体的田园综合体，促进农业与旅游业的融合发展，推动乡村产业，带动村民增收致富，实现了乡村振兴。这四类举措不仅推动了农村经济的发展，还为城乡融合、乡村振兴提供了新思路，展现了“盘活利用”模式在农村改革中的巨大潜力。

4. 因村制宜探索宅基地“三权分置”的有效实现形式

杨家坊村采取了一系列具体措施，落实了集体所有权、保障了农户资格权，并适度放活了宅基地使用权：首先，落实集体所有权：村集体制定了行之有效的宅基地处分权规章制度，如按户分配宅基地、收回超占地、拆除违规建筑等，并通过出租、入股、合作等方式盘活闲置农房和宅基地，促进了集体经济发展。其次，保障农户资格权：通过发挥村民理事会作用，依托“八步法”规范宅基地制度改革流程，推行“三固化”模式，为农户发放宅基地资格权证书，确保公平公正的宅基地制度改革环境。最后，适度放活宅基地使用权：杨家坊村探索放活宅基地使用权的新路径，包括农房抵押贷款、发展庭院经济、托管宅基地等，赋予宅基地使用权的更多权能，如用益物权和担保物权，从而激活宅基地的财产功能，促进资源合理配置，推动村民增收致富。

## 第二节 易溪村案例描述

### 一、村情及宅基地底数

易溪村位于藤田镇东（见图5-7），辖区面积6平方千米，其中耕地面积1306亩，林地面积110亩，水域面积100亩。全村共有易溪、花前两个自然村，辖9个村小组，426户共1874人，其中村党支部党员31名。村里的主要农作物包括水稻、花生、红薯等，村民主要从事甜叶菊、百合、井冈蜜柚等产业发展。全村共有稳定脱贫户25户，防返贫检测户2户。2021年2月，易溪村被确定为永丰县宅基地制度改革试点村之一。通过县乡级国土空间规划、村庄规划、第三次全国国土调查、地籍调查等，村里全面摸清了宅基地规模、布局、权属和利用状况等基础信息，发现全村共有房屋527栋，其中一户一宅309户，一户多宅77户，村民多户共有房屋78栋。村里建成了两个新农村建设点和一个文化休闲广场，村里所有住户都实现了通水泥路，池塘也进行了改造，村容村貌焕然一新，极大地改善了村民的生活环境，提高了他们的生活质量。

图5-7 易溪村的村牌名

## 二、面临的问题和阻力

当前，易溪村正处于农业农村优先发展的关键时期，面临的宅基地制度改革涉及多方面的历史遗留问题，制约了乡村振兴的发展。

1. 宅基地的粗放利用与闲置

首先，一户一宅制度在村内执行不理想，宅基地制度改革前有77户村民存在一户多宅现象，原因包括农民为满足生产生活需求建新房，但旧宅仍保留；或子女成家另建新房，旧宅未拆除。其次，宅基地面积超标现象严重，有 160 户的宅基地面积超过标准，村民违规扩建庭院、少批多占、未批先建等问题频现。同时，部分拥有宅基地建房资格的村民，由于土地资源紧张而无法获批新地，导致 31 户村民宅基地制度改革前无房或一宅多户。一宅多户情况主要表现为祖辈多代人共同居住在一栋房屋内，后代因未分得新宅基地或外出务工而未建新房，导致老屋多人共有。随着城镇化进程加快，青壮年劳动力外出，村内老龄化加剧，宅基地闲置浪费现象日益普遍。

2. 农民产权观念扭曲

易溪村宅基地制度改革过程中村民表现出强烈的祖业观，与宅基地制度改革的要求相冲突。尽管宅基地的集体所有观念已确立，村民仍认为宅基地是祖业和私人所有，因而不愿缴纳有偿使用费。即便承认宅基地公有的思想，村民仍存在“集体资产不占白不占”的心理和行为模式，影响了宅基地制度改革工作的推进。

3. 宅基地财产功能消失

随着城市化进程的推进，易溪村的农民市民化现象加剧，宅基地和农房作为重要的存量资产未能发挥应有的财产转化和资本利用作用。许多进城农民面临“城里的房子买不起，乡下的房子卖不掉”的困境，如何唤醒“沉睡的资本”，让宅基地真正发挥其财产效益，成为宅基地制度改革过程中需要解决的关键问题。

## 三、推进宅基地制度改革的重要举措

1. 突出“三种途径”并强化分类施策

在宅基地制度改革中，易溪村结合实际情况，将宅基地问题精确划分为私搭乱建、建新未拆旧、长期闲置三类，并建立了详尽的工作台账。村里秉持拆得彻底、清得干净、改得美观、管得规范、用出实效的原则，统筹解决历史遗留问题，优化村庄环境和功能，使村庄布局更加科学、整洁宜居。

2. 创新“三种模式”并对退出土地统一规划利用

易溪村通过土地置换建设新村、合作建房确保居不失所，以及宅票管理保障权益三种模式，推动宅基地的合理退出与再利用：第一种模式是土地置换，建设新村，通过将300亩土地与邻近岭南村的120亩荒坡地进行置换，统一规划建设了易溪新村，村民在新村建房时自愿退出老宅基地并将其归还集体，可以享受1∶1的同等面积宅基地置换且免缴基础设施建设费（见图5-8）。第二种模式是合作建房，以地养老，针对多户共有的危旧房拆除后如何重建的难题，以及部分因身份转变失去建房资格的村民，易溪村采用“合作建房”模式，帮助解决住房问题；对于老年村民，通过“以地养老”模式解决他们的居住和生活需求（见图5-9）。第三种模式是宅票管理，保障权益，通过创新推出“宅票”制度，村民可自愿将闲置宅基地使用权无偿退还给村集体，同时保留资格权，保障了村民的宅基地合法权益。

**图5-8 易溪村“合作建房”举措简介**

3. 党建引领促村民形成集体资产观念

易溪村坚持党建引领，通过广泛宣传和思想教育（见图5-10），成功在村民中树立了“宅基地是集体资产”的观念，推动村民积极参与宅基地制度改革，确保了村民的主人翁精神和对改革的广泛支持。

图 5-9　易溪村"以地养老"模式简介

图 5-10　易溪村宣传标语（举例）

4. 开展宅基地抵押登记贷款试点激活宅地财产功能

在永丰县政策的指导下，易溪村积极推行宅基地抵押登记贷款，通过这种方式，帮助农民盘活宅基地资源，获取发展产业所需的资金，有力地推动了乡村振兴进程。

## 四、取得的宅基地制度改革成效

近年来，易溪村积极推进宅基地制度改革，取得了显著的成效。通过精准施策和多方努力，村容村貌焕然一新，村民生活质量大幅提升，村风民风更加淳朴，村民经济收益得到显著提高，成为乡村振兴的典范。

1. 宅基地腾退与人居环境改善

在宅基地制度改革中，易溪村通过拆旧建新，大幅度优化了农村居住环境（见图 5-11）。村里已拆除 44 栋闲置旧房，涉及 134 户村民，腾退宅基地总面积达 9599.48 平方米。这些腾退的土地被村集体收回，并经过统一规划后部分改建为菜园，部分作为未来十年内村民建房的预留地。村民不再为建房用地发愁，村内还拆除了 85 间附属房，面积达 1294.4 平方米。通过拆除危旧闲置房屋和其他附属建筑，村内环境得到了彻底的整治和改善。同时，村里推进了道路硬化、健身器材安装、老年活动中心建设等基础设施建设，不仅使村庄环境焕然一新，也极大地提升了村民的生活质量和幸福指数。宅基地的优化利用，不仅解决了历史遗留问题，还为未来的发展腾出了空间。

**图 5-11　易溪村通过土地置换建设的新村**

2. 村民观念与乡风的转变

宅基地制度改革的成功，离不开村民观念的转变和乡风文明的提升。在改革初期，村里通过广泛宣传宅基地制度改革政策（见图 5-12），村干部入户讲解动员，并结合座谈会和村民大会等形式，促使大部分村民逐渐接受并认同“宅基地不是祖业，而是集体资产”的观念。这一观念的转变为改革的顺利推进奠定了坚实的基础，村民的参与热情大大提高。宅基地制度改革不仅优化了土地利用，也推动了村民之间的关系更加和睦。由于宅基地资源不再紧张，村民之间因宅基地问题引发的矛盾纠纷大幅减少，社区的团结和谐程度显著提升。尤其是通过多户联建的方式，缓解了部分村民的乡愁，满足了他们的居住需求，使易溪村成为外出务工村民心中的温暖家园。村民间的互助和谐风气得以增强，整个村庄的社会风气更加淳朴，文明程度得到了显著提高。

图 5-12　易溪村宅基地制度改革宣传标语（举例）

3. 宅基地抵押贷款，助力农民致富

为了进一步激发宅基地的财产功能，助力村民增收致富，易溪村在永丰县的政策指导下，积极推行宅基地抵押登记贷款试点政策。这一政策为村民提供了重要的融资渠道，帮助他们盘活了宅基地资源，实现了增收致富的目标。易溪村已成功完成 2 笔贷款交易，总额达 50 万元。村民事务理事会副理事长王元业通过宅基地抵押登记贷款 30 万元，发展百合种植，种植面积达 60 多亩，每天可销售鲜百合近万斤，预计可实现利润近 20 万元。这一试点政策不仅为村民提供了发展产业所需的资金支持，还大幅提升了村民的经济收入，有力地推动了乡村振兴的进程。

通过宅基地制度改革，易溪村在改善人居环境、增强村民集体意识和促进村民增收致富等方面取得了显著成效，村庄面貌焕然一新，村民生活幸福感大幅提升，为其他村庄推进乡村振兴提供了宝贵的经验借鉴。

## 五、宅基地制度改革经验总结

易溪村的宅基地制度改革经验特别适用于那些人口较多、资源紧张与浪费并存的村庄。易溪村不仅面临一户多宅、面积超标等问题，还存在部分农户住房紧张或无房的情况。作为一个位于偏僻农村的中心村，易溪村的宅基地制度改革试点具有典型意义，通过整村推进的方式，成功解决了农村普遍存在的一户多宅、多户一宅、危旧房拆除难、宅基地腾退难等问题，显著改善了农村人居环境。

### （一）因地制宜创新保障机制，满足农民住房需求

易溪村在宅基地退出方面实施了多项创新措施，通过“宅票”制度保留农户资格权，并通过土地占补置换建设易溪新村，使老宅基地收归集体，村民得以建新房，村集体获得部分收益，实现多方共赢。此外，易溪村还推行“以地养老”的新模式，为自愿退出宅基地的无房老年人提供免费入住的老年公寓，保障他们的生活质量。这些措施在资源紧张的村庄中具有很好的借鉴意义。

### （二）利用宅基地抵押登记贷款促进产业发展

宅基地抵押登记贷款是易溪村推动产业发展的重要手段，通过将宅基地这一“沉睡资产”唤醒，村民获得了发展产业所需的资金，特别是一些低收入户，通过贷款实现了增收。这样的举措不仅促进了村庄产业发展，也助推了乡村振兴。

### （三）因村制宜探索宅基地“三权分置”的有效实现形式

1. 落实集体所有权，完善宅基地所有权行使机制

易溪村根据村庄规划，将宅基地问题分类为私搭乱建、建新未拆旧、

长期闲置三类，并建立台账。村集体对超占、违规占用的宅基地收取有偿使用费，落实了宅基地收益权。同时，村集体加强了对宅基地利用的监管，对商用宅基地进行审批，保障村民的合法居住权益。

2. 保障农户资格权，确保农民户有所居

通过停止无偿分配宅基地，易溪村确保了农户资格权的固化保障。村内新建房屋已全部发放“不动产权证书”，确保了农户的居住权益。同时，合作建房的模式让无资格权但有建房意愿的村民获得了房屋使用权。

3. 适度放活宅基地使用权，促进宅基地资源有效流转

易溪村通过允许宅基地抵押、出租、转让等措施，激活了宅基地的财产功能，实现了资源的合理利用，村民通过这些措施找到了新的增收途径，推动了村庄经济的发展。

易溪村的宅基地制度改革不仅有效地解决了多重历史遗留问题，还为同类型村庄提供了可借鉴的模式，通过合理的规划和创新措施，实现了宅基地资源的优化利用，促进了村庄的可持续发展。

## 第三节　上田洲村案例描述

### 一、村情及宅基地底数

上田洲村隶属永丰县坑田镇塘下村（见图 5-13），位于县城附近，距离主城区仅 3 千米。作为永丰县第一批宅基地制度改革试点村，村内现有 114 户，共 316 人，民风淳朴，祖辈多外出务工。通过第三次国土调查和宅基地确权登记，村庄全面掌握了宅基地的规模、布局、权属及利用情况。截至 2022 年 8 月，全村共有房屋 100 栋，其中 97 栋为村民住宅，3 栋为村集体用房，一户一宅 89 户，一户多宅 4 户，无房户（多户一

宅）21 户，发放不动产登记证 93 宗。村庄总规划面积为 78.3 亩，耕地 452 亩，林地 800 亩，生态环境优越。近年来，村产业逐步从单一的水稻种植转向特色水果和蔬菜种植，带动周边村庄共建 760 亩的高标准种植园，其中包括 500 亩的大棚蔬菜、200 亩的油菜和 60 亩的草莓与火龙果。上田洲村还充分利用闲置农房和土地，发展农庄、童趣园及农业体验等旅游产业，成为永丰县城周边地区的短途旅游网红打卡点。

**图 5-13　上田洲村村情简介**

## 二、面临的问题和阻力

上田洲村在全面梳理农户基本信息和宅基地状况后，发现了几大历史遗留问题，成为宅基地制度改革工作的阻力。

1. 宅基地粗放利用与闲置

首先，村内存在一户多宅现象。尽管法律规定一户只能拥有一处宅基地，但改革前该村有 14 户一户多宅，原因包括管理制度不健全、继承导致的宅基地重叠以及新旧房并存。其次，宅基地面积超标严重。由于缺乏统一规划，56 户村民因居住需求或生活生产用途，超面积圈地建房，占总户数近 50%。此外，村内还有 23 户村民因资源紧张或无力建房，长期无房可住，居住权益受到侵害。违法违规占地建房的现象也较为普遍，农民因法律意识薄弱，违规占用耕地或强占他人土地建房，频繁引发纠纷。最后，由于城镇化推进和宅基地退出机制的不完善，村内宅基地闲置浪费现象突出，空心村和房屋闲置问题日益严重。

2. 农民产权观念扭曲

虽然《土地管理法》规定宅基地属于农民集体所有，但村民普遍认为宅基地是私有财产，受长期无偿使用制度的影响，这一错误观念根深蒂固，导致产权观念扭曲。

3. 宅基地财产功能消失

由于宅基地难以转让、不能抵押贷款，限制了其财产功能。此外，受祖业观念影响，村民不愿意盘活利用闲置宅基地，使宅基地的财产价值无法得到有效发挥。这些问题在一定程度上阻碍了上田洲村的宅基地制度改革和乡村振兴进程。

## 三、推进宅基地制度改革的重要举措

在推进宅基地制度改革过程中，上田洲村采取了多项创新举措，确保改革顺利推进并取得实效。

1. 村内通过层层宣传，逐步转变村民根深蒂固的祖业观念

通过入户宣传、张贴标语、利用广播和微信公众号进行政策解读，发动理事会成员、老党员和乡贤带头学习宅基地制度改革，宣传一户一宅政策和宅基地是集体资产的观念，逐步消除村民对宅基地的传统认知，树立新的集体资产观念。

2. 村里成立了由村委会成员、党员干部和乡贤组成的村民理事会，发挥村民主体作用，探索以改促治的新模式

通过“共商、共识、共建、共享”的工作方法，广泛听取村民意见，引导村民积极参与宅基地制度改革管理，将宅基地制度改革从国家事务转变为村庄内部事务，提升了乡村自治能力（见图5-14）。

**图 5-14　上田洲村乡贤助力宅基地制度改革事迹**

3. 在宅基地退出和有偿使用机制上，上田洲村制定了实施细则，结合村内实际情况，坚持有偿与无偿退出相结合

村干部带头退出空闲和超占宅基地，鼓励村民自愿退出，同时对违法违规占地的情况予以整治。村内还探索出多种有偿退出形式，如货币补偿、宅基地置换、以地养老和入股分红，针对不愿退出宅基地的村民，实行阶梯式有偿使用费收取方式。

4. 为盘活闲置资源，上田洲村创新了土地整治复垦再利用的方式

宅基地制度改革伊始，村内以“清净整治、生态宜居”为目标，拆除危旧土坯房、违章建筑和残垣断壁，将闲置宅基地和农房进行统一整理规划（见图 5-15）。一部分整理后的土地用于村庄的公共设施建设，如停车场、“丰养之家”、集中杂物间和统一排污点，改善了村庄的整体环境。另一部分土地则通过有序流转，支持村民或外部投资者进行园林建设和产业发展。例如，村内引进了村民黄才珠返村投资，利用腾退的闲置宅基地、荒

废的鱼塘和低洼田发展农旅产业。村集体将 30 余亩土地免费流转给黄才珠，22 年后按市价收取租金，土地所有权归村集体所有，设施归黄才珠个人所有，这种合作模式保障了村集体和个人的利益，推动了村庄经济的发展。

图 5-15　上田洲村“两闲”盘活利用（举例）

5. 上田洲村还在农地改革上取得了显著成效

通过村集体主导，流转农户的农地给承包大户，种植辣椒、火龙果等特色产业，带动了村民分红和经济增长。通过一系列的宅基地制度改革和资源整合利用举措，上田洲村不仅改善了村庄环境，也为村民创造了新的经济发展机会，提升了村民的生活质量。

## 四、取得宅基地制度改革成效

上田洲村的宅基地制度改革在县级指导下，按照“一改、两促、三提”的方向，成功实现了“六个一”的目标，即颁发一本证、转变一个思想、打造一间房、发展一个产业、搞活一个村、富一方人。这不仅提升了村庄整体环境和村民生活质量，也为乡村振兴提供了有力支持。

1. 资格权证书顺利颁发，保障了村民权益

上田洲村在宅基地制度改革中严格遵循有偿使用和无偿退出政策，使多占、超占的村民合法取得宅基地资格权证书。村内共颁发资格权证书100户，覆盖316人，发证率达到100%。这些证书的颁发，不仅确保了一户一宅的落实，也为村民的居住权益提供了法律保障。

2. 转变农民观念，激发村民积极性

在宅基地制度改革过程中，通过多层次的宣传教育，村民逐步接受了“宅基地是集体资产”的理念，改变了传统的土地私有观念（见图5-16）。这种思想的转变让村民更愿意配合村庄事务，积极参与到宅基地制度改革中。村内理事会成员更是率先垂范，带头拆除、退出多余宅基地，并缴纳有偿使用费，使宅基地制度改革工作的推行更加顺利，农民的认可度和配合度显著提高。

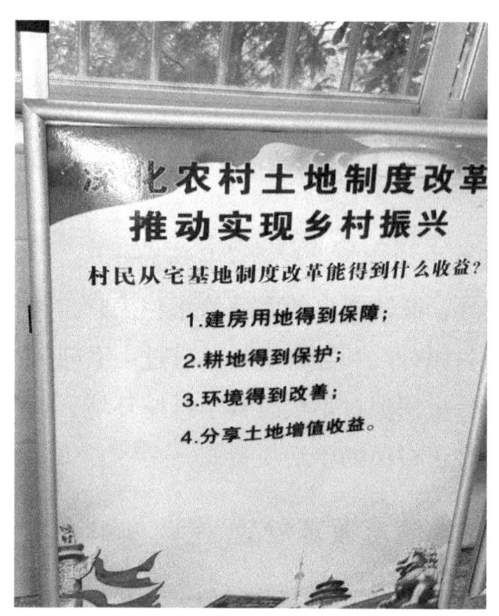


图5-16　上田洲村宅基地制度改革宣传标语（举例）

3. 规范管理制度，全面推动“一间房”建设

上田洲村通过创新的土地管理制度，结合永丰县的宅基地制度改革经验，推进一户一宅的相关工作。通过制定“上田洲村规民约”等一系列制度，规范了村民建房的审批手续，有效杜绝了长期存在的宅基地乱占现象。村内已发放93宗“房地一体不动产登记证书”，并无偿退出12宗宅基地，腾退土地面积达2257.33平方米，这些土地已被全部盘活利用，规划为菜地、停车场和建设预留地。

4. 发展特色产业，促进村集体经济和农民增收

上田洲村通过优化土地资源利用，发展特色农业种植和旅游产业，取得了显著成效。村内流转闲置农房实现了年租金收入2.8万元，并通过高效利用空闲宅基地，打造了“上田洲村生态农旅村落”。这些产业发展不仅吸引了外来观赏者，还促进了村集体经济增长。特色农庄的建设更为游客提供了丰富的休闲娱乐服务，实现了农业与服务业的融合发展。同时，通过农地流转，村民能够获得年均500元/亩的租金收益，增加了收入来源。农庄在旺季每日可吸引上千名游客，为周边村民创造了就业机会。

5. 推进乡村治理，提升村庄生活环境与和谐氛围

宅基地制度改革后，村庄的基础设施得到了显著改善，宽敞规整的道路通达各家各户，村民自觉清理房前屋后的垃圾，整体环境大为改观。黄才珠与村集体合作，不仅改善了村庄排污系统，还建设了拱桥、游船和凉亭，保护了千年樟树，使村庄成为生态宜居的美丽乡村。在治理方面，上田洲村有效解决了“谁来治理”和“如何治理”的难题，通过自治、法治、德治、智治“四治一体”的模式，构建了和谐的乡村治理体系。村民的参与度和自治意识显著增强，邻里关系更加融洽，村庄更加和谐，农民的幸福感、安全感进一步提升。

综上所述，上田洲村的宅基地制度改革成效显著，成功实现了村庄环境优化、村民权益保障和经济发展齐头并进的目标，为其他村庄的宅基地制度改革提供了宝贵经验。

## 五、宅基地制度改革经验总结

上田洲村的宅基地制度改革总结展示了在城郊融合型村庄实施宅基地制度改革的创新模式和经验，具有广泛的借鉴意义。总结如下：

1. 创新宅基地制度改革模式——生态农旅式盘活利用

上田洲村的改革案例展示了在城市郊区交通便利的村庄如何通过土地整治和农业旅游产业发展盘活闲置宅基地。该模式将村集体的闲置宅基地和农房用于生态农业和旅游供地，实现了居住与经济价值的双重开发。其他城郊融合型村庄可以借鉴这一模式，既保障农民的居住需求，又激发宅基地的财产功能。

2. 因村制宜探索宅基地“三权分置”

上田洲村在宅基地制度改革中探索了“三权分置”的有效实现形式。通过加强集体所有权的行使，落实农户资格权，并适度放活宅基地使用权，村庄实现了资源的合理配置和宅基地的财产功能发挥。这一经验为其他村庄提供了宅基地管理与改革的有效路径，有助于推动农村集体产权的实现和治理体系的完善。

3. 建立利益联结机制，实现多方共赢

上田洲村通过“村民农地流转—农业观光—农庄服务—外来游客消费—村民就业”的路径，建立了利益联结机制。此模式有效整合了政府推动、村集体主导和村民自治，实现了村庄经济和美丽乡村建设的双重目标。各类村庄可以因地制宜建立类似的利益联结机制，确保改革成果共享。

4. 聚力乡村振兴，实现“宅基地制度改革+产业”助力

宅基地制度改革为上田洲村的产业发展注入了活力。通过招商引资和农地改革，村庄形成了以农家乐、童趣园等为代表的休闲农业和旅游产业，实现了“一村一品”的特色产业布局。其他村庄可以借鉴这一经验，利用宅基地制度改革契机推动产业发展，形成稳定的经济基础。

5. 改善人居环境，实现“宅基地制度改革+乡村”治理

上田洲村通过宅基地制度改革，调动村民积极性参与村庄环境改造，

成为乡村治理的重要力量。类似村庄可以借鉴这一经验，推动村民参与村务和治理，激发农户的主体意识，共同实现村庄环境整洁化、基础设施标准化和治理规范化。

通过以上改革举措，上田洲村不仅提升了村庄的整体面貌，还为村民带来了经济收益，实现了乡村振兴的目标。这一模式在城郊融合型村庄中具有广泛的推广价值。

## 第四节　流坑村案例描述

### 一、村情及宅基地底数

流坑村隶属于沙溪镇不塘口村委会，位于距沙溪镇4千米处，全村共有44户，共158人。耕地面积为39.3亩，林地面积达1891.4亩，农林地资源丰富。村内主要产业包括白莲、油茶和西梅。通过第三次全国国土调查、沙溪镇国土空间规划以及土地确权登记的成果，流坑村的宅基地数量及基本利用情况得以明确。具体情况如下：流坑自然村共有房屋39栋，其中一户一宅33户，存量一户多宅3户。宅基地预留用地为3000平方米，可满足9户建房需求。农户住房总面积为3988.1平方米，户均约90.6平方米；附属房总面积为632.6平方米，户均约14.4平方米；庭院总面积为73平方米，户均约1.6平方米（见图5-17）。

### 二、面临的问题和阻力

1. 村内基础设施差

流坑村在宅基地历史遗留问题方面并不严重：在一户多宅方面，流坑村在宅基地制度改革前存在3例一户多宅情况，问题并不严重。在面积超

**图 5-17　流坑村宅基地调查底数**

占方面，宅基地制度改革前流坑村共有 3 例面积超占情况，总共超出 20.7 平方米，问题并不突出。但是，由于缺乏村庄规划，加上一些违规建设的附属设施对公共建设用地的占用，导致村内道路狭窄，村容村貌相当不好。

2. 财产功能消失

除满足村民的居住需求外，宅基地还应具备财产功能，通常可以通过流转宅基地的使用权并按具体情况收取费用来体现其财产价值。然而，由于政府尚未完全放开宅基地流转政策，村民缺乏政策支持和自我意识来进行宅基地的流转或盘活利用，导致宅基地的多重价值未能得到有效激发，财产功能无法充分发挥。

3. 产权观念扭曲

在走访调查中发现，村民的产权观念普遍存在以下问题：一是祖业观念。村民的祖辈长期在此居住，对宅基地和地上的房屋有强烈的归属感；即使分家另建新房，老宅（含房屋及宅基地）多被视为私有财产或“祖业”，即使无人居住或房屋破败，也不愿拆房还地给村集体。二是产权误解。村民认为现有住房由自家建造，宅基地也归自家所有，村集体无权干涉。三是政策误读。村民普遍认为“集体资产不占白不占”，占用村边空地甚至林地，违规建房。

## 三、推进宅基地制度改革的重要举措

1. 以法治为本，无偿退出建新村

流坑村坚持一户一宅，限定面积的原则，坚决守住耕地红线，确保建新必须拆旧。自改革启动以来，流坑村内 20 余户农户共无偿退出了 2400 多平方米的宅基地，占村庄总面积的 1/3。而且，流坑村对农户违法违规建设的附属房、猪牛栏等进行拆除，已拆除猪牛栏 40 间，面积超过 980 平方米，拆除杂物间 15 间，面积达 500 余平方米。通过安置腾退农户的旧房，整合空地及荒废的老宅基地，流坑村新建了公共活动广场，并整理出 3000 平方米的宅基地预留用地，足以满足 9 户农户的建房需求。

2. 以德治为先，自愿捐出为集体

一些知名人士主动联系镇村干部和村民理事会，详细了解宅基地制度改革政策，并将自家的砖房捐赠给村集体，助力村内民宿产业的发展。此外，他们还积极配合村干部入户宣传宅基地制度改革政策，频繁走访村民，帮助大家了解宅基地制度改革的益处。在知名人士主动交还宅基地并积极宣传的榜样作用下，村民的传统观念逐渐发生了转变（见图 5-18）。由此，村集体能够更有效地行使宅基地的集体所有权，合理分配和处置宅基地资源，减少了后续拆除危房、收回空闲宅基地的阻力。

图 5-18 流坑村以“三治”推进宅基地制度改革

流坑村前任村主任邱前辉，非常赞同将超占宅基地腾出来供村里统一规划，认为这样能够最大限度地发挥土地效益，助力乡村振兴（见图 5-19）。因此，他主动无偿退出自家的宅基地，自愿加入村理事会组织的宅基地制度改革工作队，深入村民家中做思想工作，积极调动村民参与宅基地制度改革的积极性，鼓励大家主动腾退旧宅，为流坑村的宅基地制度改革做出了重要贡献。

**图 5-19 邱前辉事迹展示**

在镇里工作的干部曾传志非常支持宅基地制度改革（见图 5-20）。他表示："现在政府推行宅基地制度改革，目的是实现村民用地公平，腾出多余宅基地，为将来的村庄建设留出空间，这对整个村集体的可持续发展来说是好事，我全力支持。"曾传志主动与镇村干部和村民理事会联系，详细了解宅基地制度改革政策后，将自家的砖房捐赠给村集体，助力村内民宿产业的发展。此外，他还积极配合村干部上户宣传宅基地制度改革政策，经常走访村民，帮助他们了解宅基地制度改革的好处。村民看到这位亲切的乡镇干部不仅主动交还宅基地，还积极上门宣传，对宅基地制度改革带来的好处有了更深的认识，纷纷参与并积极支持宅基地制度改革工作。

**图 5-20　曾传志事迹展示**

3. 以自治为基，宅基地制度改革“夜会”议众事

为促使村民转变传统的祖业观念，实现“人人参与、人人尽力、人人共享”的目标，流坑村选举出具有影响力的村民组成村民理事会。理事会成员通过“夜会”（利用夜晚农闲时间召集村民开会）将村民聚集在一起，宣读《致全县广大朋友的一封信》等文件，并用通俗易懂的语言解释

宅基地制度改革政策内容，使村民更好地理解政策。此外，理事会成员根据村内实际情况，广泛听取村民意见后，制订了《沙溪镇不塘口村流坑自然村农村宅基地资格权认定实施方案》和《沙溪镇不塘口村流坑自然村农村宅基地有偿使用实施办法》，确保宅基地制度改革过程的公平、公正。

## 四、取得的宅基地制度改革成效

1. 历史遗留问题得到妥善处置

流坑村的宅基地制度改革严格坚持一户一宅，坚决守住耕地红线，做到建新必须拆旧，超占无偿退出或有偿使用。首先，对于农户违法违规建设的附属房、猪牛栏等一律进行拆除；宅基地制度改革以来，共拆除猪牛栏 40 间 980 余平方米，拆除杂物间 15 间 500 余平方米（见图 5-21）。其次，确权颁证。流坑村在摸清宅基地利用现状后，村集体成功核定并公示了流坑村农村宅基地资格权农户 44 户 158 人并颁发资格权证书，发证率为 100%。最后，对不适宜退出的超占部分进行有偿使用。流坑村共清算出需缴交农村宅基地有偿使用费农户 3 户共 517.5 元。邱前辉等 3 户农民主动向村小组缴交了有偿使用费 517.5 元。在处置历史遗留问题的过程中，得到了民众的大力支持，无论是宅基地资格权认定还是收取有偿使用费，工作都进行得十分顺利。例如，村小组组长邱前斌主动提出将自家 110 平方米的两层砖混自建房无偿提供给村小组建设“丰养之家”和“老袁说事室”，党员曾传志自愿将老宅无偿捐出改造成“特色民宿”，妇女刘九英自愿将自家老宅基地无偿退出建设村小组集体榨油坊。

2. 基础设施和村容村貌得到极大改善

流坑村对废弃附属房拆除后空地与村庄原有空地进行整合和整治，新建了污水处理池一座，全面完成雨污分流管网建设；安置腾退农户旧房，整合空地，新建公共活动广场 600 多平方米；拆除圈占围墙，拓宽村庄道路，新修环村沥青公路 1.5 千米；整合荒废老宅基地，新建榨油坊 1 间；拆除破旧附属房，建设观景台木栈道 300 米等（见图 5-22）。整理出宅基地预留用地 3000 平方米，可满足 9 户农户建房需求。

图 5-21　流坑村超占宅基地退出信息（举例）

图 5-22　宅基地制度改革后流坑村的面貌焕然一新

3. 产权清晰激活了财产功能

流坑村隶属于沙溪镇，该镇是唐宋八大家之一欧阳修的故乡，欧阳修故里西阳宫位于沙溪镇泷岗，具有深厚的文化底蕴。沙溪镇依托此背景，打造了以欧阳修为主题的文化旅游小镇。流坑村作为该旅游体系的一环，以发展民宿产业为主，由村支书带头，引领村民将闲置宅基地和农房改造成民宿，并组织村民到井冈山学习民宿运营经验，为村民致富开辟新路径。另外，邱前发以位于不塘口村流坑组的宅基地用于抵押贷款，贷取 20 万元用于发展产业。流坑村内宅基地这一“沉睡”的资产正在逐渐被唤醒。老村长邱前发建立前发致富农场，面积多达 300 余亩，涉及 10 余座连片山头，种植西梅等农产品，不塘口村民20余人在此就业。

## 五、宅基地制度改革经验总结

流坑村位于沙溪镇，凭借丰富的宅基地与农地资源，以及深厚的欧阳修文化背景，具备了发展旅游产业的巨大潜力。村内乡风淳朴，加之党员与乡贤带头示范，使宅基地制度改革政策得以顺利推进并取得显著成效。

1. 加强乡风文明建设，提高政策接受度

乡风文明建设是乡村振兴的核心目标之一，也是宅基地制度改革顺利实施的基础。沙溪镇作为欧阳修的故乡，流坑村的村风深受欧阳修文化影响，村内随处可见欧阳修的诗词展牌，村民自发捐赠房屋改造成的“老袁说事室”则为村内提供了调解矛盾的场所。这种和睦、淳朴的村风使一户一宅、建新拆旧等宅基地制度改革政策在村内得到了广泛支持，多数农户主动无偿退出宅基地，为宅基地制度改革的顺利实施打下了坚实基础。今后在其他村的宅基地制度改革工作中应进一步加强乡风文明建设，只有在和睦的村邻关系中，宅基地制度改革工作才能顺利推进。

2. 充分发挥乡贤带头作用，推动宅基地制度改革工作进展

在流坑村的宅基地制度改革过程中，乡贤带头发挥了关键作用。村内许多基础设施，如“老袁说事室”“示范民宿”“榨油坊”以及污水处理站，都是由乡贤或村民无偿捐赠的宅基地或房屋改造而成。这些设施不仅解决了村民的实际问题，还为村民致富提供了新的途径。乡贤作为村内具有影响力的人物，通过捐赠多余房屋树立了良好的示范作用，为宅基地制度改革工作的顺利推进提供了有力支持。在未来的宅基地制度改革工作中应继续发动乡贤，发挥他们的示范引领作用，助力宅基地制度改革的深化推进。

3. “一间房”模式探索宅基地“三权分置”的有效路径

流坑村在宅基地制度改革中积极探索“一间房”模式，实现了宅基地所有权、资格权、使用权的“三权分置”。在所有权层面，“一间房”确保了宅基地的明确归属，实现了一户一宅的目标，并且保证了宅基地面积

不超标；在资格权层面，“一间房”保障了村民的居住资格，使每个家庭都能获得一处居所；在使用权层面，通过盘活闲置房屋与宅基地资源，激发了经济活力，提升了资源利用效益。在宅基地制度改革过程中，流坑村确立了以村集体为宅基地所有权主体，明确了村民的宅基地资格权，并保障了使用权益。宅基地制度改革带来的变化得到了村民的广泛认可，他们也踊跃探索宅基地的财产价值，进一步推动了村内经济的发展。

4. 政府、集体、个人三方合作，盘活“两闲”资源

流坑村在宅基地制度改革中，通过政府、村集体和个人三方合作，成功盘活了闲置宅基地与闲置农房资源，充分发挥了其经济价值。永丰县出台了《永丰县农民住房财产权及宅基地使用权抵押试点实施方案》等政策，激活了宅基地的财产属性；村集体则积极响应沙溪镇的旅游发展战略，开展招商引资工作；村民也积极响应政策，参与到产业发展中。例如，为了发展村内的西梅产业，老村长邱前发以自家宅基地为抵押，贷款20万元，政府、村集体与银行三方通力合作，共同助力西梅产业的发展。同样，流坑村的民宿产业也是三方合力的成果，镇政府出台了欧阳修文旅小镇的旅游发展战略并给予项目补贴，村民利用闲置农房进行改造试点，村集体则负责监督和管理。三方共同努力，充分挖掘了村内的产业发展潜力，为宅基地制度改革后的经济发展注入了新的动力。

## 第五节　井心村案例描述

### 一、村情及宅基地底数

井心村隶属永丰县七都乡丰树村委会，距离县城约10千米，紧靠省道永藤公路，交通便利，自然环境优美。2021年，在宅基地制度改革试点

工作启动时，全村有 30 户，共 90 人。井心村的耕地面积为 292 亩，林地 1277 亩，可建设用地达 31035 平方米。在县乡级国土空间规划、村庄规划及第三次全国国土调查和农村集体土地确权颁证等工作的指导下，井心村全面摸清了宅基地的基本信息。全村共有房屋 52 栋，其中 12 户为一户一宅，3 户为一户多宅，13 户为一宅多户，另有 2 户在外买房、村里无房（见图 5-23）。

**图 5-23 井心村村情及宅基地制度改革基本情况**

近年来，井心村利用美丽乡村建设的契机，致力于打造“清净整洁，精细秀美”的人居环境。村里充分利用闲置宅基地和农房，发展民宿、农家乐、小卖部等产业，并建立了稻虾共作基地、草莓基地、脐橙基地、蔬菜大棚、白茶园等农业产业。同时，村内还打造了儿童乐园、真人 CS、夏令营、彩虹滑道、滑草、水上乐园和农事体验等农旅项目，实现了“农业+旅游+服务”的多产业融合发展。2021 年，井心村成功创评为江西省 AAA 级乡村旅游点，入选江西省第三批省级乡村旅游重点村和省级田园综合体。

## 二、面临的问题及阻力

随着农村宅基地制度改革的启动，井心村面临的历史遗留问题逐渐显现，这些问题在一定程度上阻碍了乡村振兴的发展。

1. 井心村的宅基地粗放利用与闲置问题尤为突出

宅基地制度改革前，由于土地管理政策不完善和审批不严格，导致不少农户拥有多处宅基地，而这些多余的老宅大多为闲置的土坯房。此外，超面积占用宅基地的现象普遍存在。早期农民因缺乏宅基地使用面积的明确标准，私下扩建宅基地，圈占大面积庭院，直到 1982 年《村镇建房用地管理条例》出台后，才逐步确立了宅基地用地面积的规范标准。然而，历史遗留的超面积占用问题依然存在，永丰县对此设立了不同历史阶段的占用标准处理办法。随着工业化、城镇化的加速发展，大量农民进城务工或定居，导致宅基地闲置现象日益严重，农户弃房不弃地，造成农村既缺地又荒地的局面。同时，违法违规占地建房的现象频发，主要原因在于农民产权观念的扭曲，以及早期农村宅基地建房缺乏规划和管制。

2. 农民的产权观念扭曲和祖业观念浓厚，使宅基地制度改革更加困难

部分农民秉承“集体资产不占白不占”的心理，多占、侵占宅基地，导致土地分割难以有效利用。尤其是老年人，他们的祖业观念根深蒂固，认为宅基地和其上的房屋是祖辈传下来的，即使房屋已废弃，也不愿拆除，致使闲置宅基地难以收回。

3. 宅基地的财产功能消失

宅基地的初次分配是无偿取得的，并且仅限于本村村民使用，基于保障农民居住需求的考虑，宅基地的转让也只能在本村内部进行。虽然宅基地具有保障居住功能，但由于宅基地使用权流转和抵押贷款范围受限，其财产功能难以充分发挥。这些问题不仅制约了宅基地的有效利用，也阻碍了井心村的乡村振兴进程。

## 三、采取的宅基地制度改革举措

井心村在推进宅基地制度改革过程中，采取了以下几项重要举措。

1. 组建村民理事会并发动宣传动员

井心村成立了村民事务理事会，成员由村内有威望的村民组成，并通

过村民投票选出，确保宅基地制度改革工作的公平、公正。村民理事会在宅基地制度改革中发挥了主导作用，引导村民支持并参与宅基地管理改革。为了破除旧有的祖业观念，井心村开展了全方位的宣传动员，利用入户宣传、资料发放、标语张贴、会议动员和媒体报道等多种方式，全面覆盖宣传宅基地制度改革政策，强调宅基地不是祖业，而是集体资产的观念。通过这些措施，村民的主体作用得到了充分发挥，他们对政策的认同感也大大增强，从而激活了村民自治的效果。

2. 创新资格权“三固化”模式与分类退出机制

井心村依照永丰县农村宅基地制度改革试点工作领导小组办公室的指导，推行了资格权“三固化”模式，即取得登记固化、保留发证固化、退出程序固化。村里对符合资格权认定的农户，采取了认定到人、登记到户、固化一年、动态调整的原则，颁发资格权证书，确保村民享有基本的居住保障权益。此外，针对一户多宅问题，井心村采取了灵活的分类退出机制，针对不同情况实施不同的退出方式。对于历史遗留的多宅问题，有合理原因的探索有偿退出机制，而对于闲置废弃的宅基地附属设施和倒塌的住房，则根据实际情况依法处理。村内还创新了“宅票置换、申请优先”模式，允许一户多宅的村民登记多宅面积，并发放“宅票”，当有建房需求时，凭票优先安排宅基地，解决了村民的顾虑。

3. 推行宅基地有偿使用与盘活闲置资源

井心村针对一户多宅、超标准面积使用及非集体经济组织成员占用宅基地的情况，推行有偿使用制度，收取的有偿使用费用用于村内公共设施建设和产业发展。同时，村里通过创新“宅抵贷”等方式盘活闲置资源。井心村利用闲置宅基地和农房发展了民宿、农家乐、小卖部等乡村产业，并通过引入社会资本力量投资，建成了水上乐园、户外拓展和儿童乐园等农旅结合项目，使原本“沉睡”的宅基地资产焕发了新的生机。此外，井心村以旅游业为依托，带动农业产业发展，包括蔬菜大棚、茶园、草莓基地等，通过村集体供地、承包大户种植或社会资本经营的模式，实现了现代农业的发展。这一系列举措不仅提高了村民的收入，也推动了村庄经济的整体提升。

## 四、取得的宅基地制度改革成效

井心村的宅基地制度改革在多个方面取得了显著成效，成功实现了村民自治、产业发展与美丽乡村建设的有机融合，全面提升了村庄的整体水平。

1. 健全的制度建设和严格的宅基地管理机制

井心村规范了宅基地的取得与使用，成功退出了 1130 平方米的主房和附属房，杜绝了宅基地“乱占滥用”现象，确保了一户一宅的公平分配和户有所居的目标。同时，村里的资格权认定程序和宅基地审批流程得到了显著完善，井心村的宅基地制度改革实现了宅基地管理的制度化和规范化（见图 5-24）。

图 5-24　井心村宅基地制度改革成效

2. 村民的自治意识得到了极大激发，乡村治理水平得以显著提升

党员干部和村民理事会成员在宅基地制度改革过程中发挥了重要的示

范带头作用，广泛调动了村民参与的积极性，确保了村民在宅基地制度改革中的话语权、参与权和表决权，推动了村民在宅基地制度改革中的主体地位的落实。通过多次召开村民会议，村干部和理事会成员广泛听取村民意见，增强了村民的主人翁意识和对政策的认同感，实现了村民自治与宅基地制度改革工作的有机结合。

3. 文化村容村貌

井心村的宅基地制度改革不仅在制度和管理层面取得了成功，还在美化村容村貌、建设生态宜居环境方面取得了显著成效。作为美丽乡村建设的试点村，井心村在县政府的财政支持下，投入1000多万元用于实施村庄美化和绿化建设。通过拆除危旧闲置房屋、修建游客中心、停车场、公厕、老年活动中心和村内道路等基础设施，井心村的居住环境得到了极大改善，村民的生活幸福指数显著提升。

4. 观念转变，和谐风气

井心村通过入户宣传、资料发放、张贴标语、会议动员等多渠道全覆盖的宣传方式，使村民逐步树立了“宅基地不是祖业，是集体资产”的新思想，形成了正确的产权观念。这一转变有效减少了土地矛盾纠纷，邻里关系更加融洽，村庄的社会风气也变得更加和谐。

5. 显著提升了井心村的集体经济实力，助力产业发展

井心村通过有效利用村内丰富的宅基地资源，发展民宿、农家乐和旅游业等产业，实现了农业、旅游、服务等多产业的融合发展。村集体在此过程中获得了土地收益，年均增收约5万元，为村庄经济的发展注入了新的动力。同时，井心村着力打造“一村一品”，大力发展农业产业，推动农业现代化，为村民提供了稳定的收入来源。

6. 盘活闲置宅基地和农房资源

井心村的宅基地制度改革为村民创造了大量的就业机会，有效带动了村民增收致富。宅基地制度改革期间，井心村的多产业融合发展成功带动了上百人就业，特别是在采茶高峰期，能够提供三四百个就业岗位。同时，吸引了大批游客前来观光旅游（见图5-25），促进了村庄内的民宿、

农家乐、便利店等周边商业经营，进一步推动了村民收入的增长，实现了共同富裕的目标。通过宅基地制度改革，井心村不仅成功提升了村庄的整体经济水平，也为村民带来了切实的福祉与发展机遇。

图5-25 井心村发展的旅游项目

## 五、宅基地制度改革经验总结

井心村的宅基地制度改革在自然资源利用、政策实施、产业发展和历史遗留问题的解决方面积累了丰富的经验，为其他同类农村地区的宅基地制度改革工作提供了宝贵的经验和可供借鉴的模式。

1. 充分利用自然资源，改善村容村貌

井心村人少地多，宅基地资源丰富，通过合理的宅基地规划和管理，满足了每户居民的居住需求。村庄在宅基地制度改革中建立危旧房屋及附属建筑，把闲置宅基地用于公共设施建设，通过这些措施，村庄环境大为改善，村容村貌焕然一新，村民生活质量也随之提高。

2. 公开透明实施政策，化解村民各项疑虑

井心村在实施宅基地制度改革政策的过程中，严格遵循公开透明的原则，确保每位农户的权利得到公平保障。例如，针对一户多宅和超标准占

用宅基地的情况，制定了合理的有偿使用费征收标准。村理事会成员积极开展政策宣讲，向农户详细解读政策，解答疑点，消除其对宅基地制度改革的误解和疑虑，由此广泛支持宅基地制度改革。这种透明公正的政策提高了农户的认同感和参与度，保障了村庄宅基地制度改革的顺利推进。

3. 将宅基地制度改革与产业发展及金融创新相结合

井心村将宅基地制度改革与村庄产业发展相结合，盘活了村内闲置的宅基地资源。通过引进旅游公司、发展民宿、农家乐、草莓种植园、茶园等农旅结合的项目，增加了村民就业机会。此外，通过宅基地权使用抵押贷款，一些村民的创业行为获得了正规金融支持。这种复合型宅基地制度改革模式不仅激活了宅基地的资产价值，而且推动了村庄整体经济的提升。

4. 循序渐进分类化解各类历史遗留问题

井心村针对各类历史遗留问题，如一户多宅、超额使用和未及时获得产权证书等问题，采取了阶梯化解、分类处理的策略。例如，在彻底清查各户宅基地情况的基础上，对符合政策要求的宅基地予以确权并发放产权证书；同时采取宅票置换、预付有偿使用费等灵活手段，解决超额使用问题；如此，既化解了历史遗留问题，又维护了村庄的稳定与协调。

## 本章小结

本章对江西永丰县的5个典型村庄——杨家坊村、易溪村、上田洲村、流坑村和井心村的宅基地制度改革案例进行了深入分析。这些案例展现了各村庄在不同资源禀赋和社会背景下，针对农村宅基地制度改革所采取的创新性措施及取得的显著成效。通过这些案例研究，可以总结出以下几点具有普遍意义的宅基地制度改革经验和启示。

## 一、创新改革模式，因地制宜推进宅基地制度改革

每个村庄根据自身的资源条件和历史背景，探索出适合本村的宅基地制度改革模式。例如，上田洲村通过生态农旅式盘活利用模式，成功将闲置宅基地与农房转化为农业和旅游产业供地，实现了居住与经济价值的双重开发；易溪村则通过“宅票”管理和土地置换的方式有效解决了多户共用宅基地、旧宅不拆等历史遗留问题，推动了村庄新建与村民利益的双赢。这些案例表明，宅基地制度改革应根据村庄的具体情况，采取灵活多样的策略，以充分发挥资源效益。

## 二、制度建设与村民自治的有机结合

本章各村庄的改革案例均突出了村民自治在宅基地制度改革中的重要作用。通过成立村民理事会或村民事务理事会，村民在宅基地制度管理和改革中享有了充分的话语权和决策权，确保了改革的公平性和公正性。例如，井心村通过民主选举和广泛参与的村民理事会，引导村民支持并积极参与宅基地制度改革，激活了村民自治的活力，提升了乡村治理水平。这些案例表明，宅基地制度改革不仅是政府主导的政策实施过程，更是村民自我管理、自我提升的过程。

## 三、加强宣传教育，转变农民产权观念

农民传统的祖业观念和土地私有观念，常常成为宅基地制度改革的阻力。本章中的村庄均通过广泛的宣传教育，逐步转变了村民的产权观念。例如，上田洲村通过张贴标语、入户宣传、村干部带头示范等方式，成功扭转了村民宅基地是祖业的传统观念，树立了宅基地是集体资产的新理念。这样的观念转变是宅基地制度改革成功的关键步骤，为后续改革措施的顺利推进奠定了思想基础。

## 四、强化集体经济，促进产业融合发展

宅基地制度改革不仅是为了规范土地使用，更重要的是通过盘活闲置

资源，提升村庄的经济活力。例如，杨家坊村和上田洲村通过共享农房模式，将闲置的宅基地和农房转化为民宿、农家乐等经济资源，不仅为村集体和村民带来了经济收益，也推动了乡村产业的发展。井心村更是将宅基地制度改革与美丽乡村建设和现代农业发展有机结合，打造出了多元融合的产业结构。这些案例表明，通过宅基地制度改革可以为村庄的经济发展提供新的动能，提升村集体和村民的收入水平，促进乡村振兴。

## 五、创新宅基地“三权分置”的有效实现形式

宅基地“三权分置”的探索和实践，是宅基地制度改革中的重要创新。各村庄通过不同的方式实现了集体所有权、农户资格权和使用权的有效分离与实施。例如，流坑村通过“一间房”模式不仅保障了村民的居住权益，还激活了宅基地的财产功能，推动了村庄经济的发展。通过“三权分置”，宅基地的使用权得以合理放活，农户的资格权得以保障，集体所有权得以落实，实现了多方利益的平衡。

## 六、加强基础设施建设，改善人居环境

宅基地制度改革为村庄基础设施的提升和人居环境的改善提供了契机。本章中的村庄通过宅基地的整合与规范，实现了村庄道路、公共设施和生活环境的全面改善。例如，易溪村通过村庄整治和基础设施建设，极大地改善了村庄的居住环境，提升了村民的幸福感。这一过程表明，宅基地制度改革不仅是土地资源的优化配置，更是村庄整体面貌和生活质量的全面提升。

总之，通过对永丰县 5 个村庄的宅基地制度改革案例的研究，本章总结了宅基地制度改革在不同村庄的具体实践和成功经验。这些案例展示了宅基地制度改革在推动乡村振兴、提升村民生活质量、促进农村经济发展方面的重要作用。未来的宅基地制度改革应在借鉴这些成功经验的基础上，因地制宜地推进，进一步地完善政策体系，强化村民自治和集体经济，推动农村的可持续发展。

# 第六章

# 案例比较与理论拓展

本章的研究目的是基于第二章确立的理论框架，对第五章描述的5个村庄案例进行比较分析，推导出永丰县的宅基地制度改革模式特征及其运行机制。所采取的数据分析方法是，运用NVivo12.0软件对所获质性数据进行管理和编码分析（编码过程略）。案例比较的思路是：首先，对5个案例的宅基地制度改革目标（第一节）和关键性举措（第二节）进行系统性比较，为判断永丰县的宅基地制度改革模式特征提供实证依据。其次，依据图2-5所示的5个步骤，即状态（S）→结构（S）→嵌入（E）→情境式行动（A）→绩效（P），对5个案例的运行机制（结构）进行对比分析，找出其中的异同；由于“制度结构（S）及其嵌入（E）”已在第四章中得到系统阐述，并且作为5个案例必须遵循的宏观行动规则具有一致性，因而略去。最后，基于比较结果，依据案例研究中通用的复制逻辑，抽象出5个案例背后共有的运行机制，并对第二章构建的SSEAP框架进行修正和拓展。

## 第一节　5个案例宅基地制度改革目标比较

通过运用NVivo软件中的词频分析，可以发现5个案例的宅基地制度改革目标大体集中在落实居住保障、改善人居环境、促进经济发展及推动社会治理4个方面。为此，下文主要从这4个方面比较5个试点村庄的宅基地制度改革目标，揭示它们在具体执行中的相同点与差异。

## 一、落实居住保障

在分析江西永丰县5个试点村庄的宅基地制度改革案例时，居住保障是一个关键方面。以下是杨家坊村、易溪村、上田洲村、流坑村和井心村在居住保障方面的相同点和不同点的详细分析。

1. 相同点

（1）严格遵循“一户一宅”原则。所有村庄都严格执行“一户一宅”的基本原则，确保每个农户都拥有一处合法的宅基地。这是居住保障的基础，保证了每户村民的居住权利不受侵犯。

（2）宅基地资格权的认定与发放。各村都进行了宅基地资格权的认定，并向符合条件的村民发放资格权证书。这种做法确保了村民合法的居住权，并通过法律形式固化了宅基地的使用权，使村民的居住权得到法律保障。

（3）历史遗留问题的处理。各村都面临着类似的历史遗留问题，如一户多宅、宅基地超占等问题。各村都采取了相应的措施，如有偿使用或无偿退出，以确保宅基地的合理使用，并且这些措施在落实过程中都重点关注了居住保障，避免村民因改革而失去居住场所。

（4）改善居住条件的公共设施建设。所有村庄在落实居住保障的同时，都注重改善村内的基础设施和公共服务。例如，通过宅基地整治，改善道路、供水供电等基础设施，并为村民建设活动中心等公共设施，提升居住质量。

2. 不同点

（1）居住保障机制的灵活性。例如，井心村推行了“三固化”模式和“宅票置换、申请优先”机制。这一创新模式允许村民在保留宅基地资格权的同时，自愿退出多余宅基地，并在有需要时凭宅票优先获得新的宅基地。此举措灵活地保障了村民的居住需求。易溪村通过土地置换和合作建房的模式，确保无房或多户居住的村民能够获得新的住房，同时推动了宅基地的合理利用。这种方式在保障居住权的同时，也有效解决了多户一宅和无房户的问题。流坑村强调无偿退出与有偿使用相结合，通过村民理事会的引导，鼓励村民主动腾退超占宅基地，并利用这些土地进行公共建设，保障了村民的居住权与公共利益。

（2）基础设施与居住环境的改善。例如，杨家坊村依托“党建+自治”的模式，推动村庄基础设施建设，并通过改造和新建公共设施，显著提升了村民的居住条件和生活质量。井心村投入了大量资源进行村庄美化和基础设施建设，如建造游客中心、道路和绿化工程，显著提升了村民的居住质量，并结合美丽乡村建设将村庄打造成 AAA 级乡村旅游点。上田洲村通过宅基地整治和土地利用优化，发展特色农业和旅游产业，改善了村庄的基础设施，并为村民提供了更好的居住环境和公共服务设施。

（3）处理一户多宅问题的方式。杨家坊村严格执行“一户一宅”政策，尤其针对一户多宅现象，采取了强制拆除或自愿退出的方式，确保居住保障的公平性。上田洲村采用了更为灵活的有偿使用和无偿退出相结合的方式，根据不同的情况制定具体的处理措施，以平衡历史遗留问题与当前居住保障的需求。流坑村通过加强村民自治和乡贤带头，促使村民自愿退出多余宅基地，同时利用这些宅基地进行公共建设，保障了村民的居住权和村庄整体发展的需求。

总体来看，5 个村庄在落实居住保障方面都坚持了“一户一宅”原则，并通过资格权认定、处理历史遗留问题以及改善基础设施来保障村民的居住权利。然而，各村庄在具体的执行方式和侧重点上有所不同，如井心村的灵活退出机制、易溪村的土地置换和合作建房模式，以及杨家坊村和流坑村通过党建与自治结合来推进居住保障。这些差异反映了各村在宅基地制度改革过程中因地制宜的策略，也为不同类型村庄的居住保障提供了有益的参考。

## 二、改善人居环境

在分析江西永丰县5个试点村庄的宅基地制度改革案例时，改善人居环境是一个关键方面。以下是杨家坊村、易溪村、上田洲村、流坑村和井心村在改善人居环境方面的相同点和不同点的详细分析。

1. 相同点

（1）宅基地整治与废弃房屋的拆除。一是统一拆除违建。所有村庄在宅基地制度改革过程中都进行了大规模的宅基地整治工作，尤其是拆除废弃和违章建筑，如老旧房屋、残垣断壁、废弃的圈舍等。通过这些措施，各村消除了影响村庄环境的主要因素，腾出了更多可利用的土地。二是清理闲置土地。各村都注重清理闲置的宅基地和土地，减少了闲置资源的浪费，同时美化了村庄环境。通过复垦和绿化措施，曾经荒废的土地得以重新利用，为村庄增加了绿地或公共设施。

（2）基础设施的升级与完善。一是道路硬化与拓宽。所有村庄都进行了道路硬化和拓宽工程，解决了过去道路狭窄、泥泞等问题。铺设水泥路、修建环村路等措施，不仅改善了村民的出行条件，也提高了村庄的整体环境水平。二是排水与污水处理。村庄普遍对排水系统进行了改造，建立了雨污分流管网或污水处理设施。这些措施有效解决了污水乱排放的问题，显著改善了村庄的卫生环境。

（3）村庄美化与绿化。一是村庄绿化工程。各村都投入资源进行绿化美化工程，如种植花草、树木，建设公园和休闲场所。这些绿化工程不仅美化了村容，也为村民提供了良好的居住环境和休闲空间。二是美丽乡村建设。所有村庄都参与了美丽乡村建设项目，通过提升村庄整体面貌，打造宜居环境，为村民创造了更加美丽和舒适的居住环境。

2. 不同点

（1）环境治理的侧重点不同。杨家坊村注重通过党建引领和村民自治，推动拆旧拆废和改建新建的过程。村庄拆除了大量违章建筑，并通过改建新建，发展了农家乐、民宿等设施，极大地提升了村庄的整体环境。

杨家坊村特别强调村民的参与和集体意识，确保每一个改建项目都能得到村民的支持和参与。井心村结合美丽乡村建设，投入大量资源进行村庄美化工程，打造了包括儿童乐园、真人 CS、夏令营等设施在内的综合性旅游项目。井心村的环境治理不仅着眼于村庄内部的美化，还通过发展旅游业提高了村庄的知名度和整体环境质量。流坑村的环境治理侧重于结合历史文化资源，通过乡贤带头，推动宅基地整治和村庄美化。村庄不仅改善了基础设施，还保留和修缮了具有历史文化意义的建筑，将这些资源用于发展民宿产业，提升了村庄的文化价值和环境品质。

（2）基础设施的建设和创新不同。易溪村通过土地置换和合作建房等创新模式，在解决村民住房问题的同时，改善了村庄的基础设施。村里建设了新农村点和文化休闲广场，为村民提供了更多的公共活动空间，显著提升了人居环境。上田洲村的环境改善措施不仅集中于基础设施的修缮和提升，还包括发展农旅结合的生态旅游项目。村庄利用宅基地整治后的土地，开发了农庄、农业体验等旅游设施，既改善了环境，又推动了村庄经济。流坑村通过“三治”（法治、德治、自治）推动环境治理，特别是通过村民理事会的积极参与，确保了每一项基础设施建设和环境治理措施都能够符合村民的需求和利益。例如，新建的污水处理池、公共活动广场、观景台等设施，都是通过村民的共同参与和讨论而建成的。

（3）绿色空间的开发与利用不同。杨家坊村在宅基地整治过程中，特别注重将退出的宅基地用于建设菜园、果园和游园等绿色空间。这不仅提高了土地的利用率，还增加了村庄的绿色覆盖面积，改善了村民的居住环境。井心村则更多地将退出的土地用于旅游项目的开发，如稻虾共作基地、草莓基地等，这些项目不仅绿化了村庄，还为村民提供了新的经济收入来源。上田洲村在环境治理中特别强调生态农旅的结合，通过发展绿色农业和旅游，形成了一套以土地利用优化为基础的绿色经济体系。村庄不仅改善了环境，还通过绿色空间的开发，实现了经济和生态的双赢。

总之，在改善人居环境方面，5 个村庄都进行了大量的宅基地整治、基础设施升级和村庄美化工程，取得了显著成效。然而，各村庄在环境治理的侧重点、基础设施建设的方式和绿色空间的开发利用上存在明显差异。杨家坊村和井心村注重村民参与和公共空间的改造，易溪村和上田洲村则通过土地置换和绿色农业相结合，推动了村庄环境和经济的共同发展，而流坑村则通过文化资源的整合和乡贤的带头作用，成功打造了具有历史和文化特色的宜居环境。这些差异反映了各村在宅基地制度改革和环境治理中因地制宜的策略，也为其他村庄的环境改善提供了不同的借鉴模式。

## 三、促进经济发展

1. 相同点

在5个案例中，制度创新和活化机制是激活宅基地及农房财产功能的关键手段。以下是杨家坊村、易溪村、上田洲村、流坑村和井心村在促进经济发展中，利用制度创新和活化机制激活宅基地及农房财产功能的相同点和不同点的详细分析。

（1）政策引导与制度保障。各村庄都在政府政策的引导下进行宅基地和农房的制度创新。例如，各村都得到了县级政府的政策支持，实施宅基地制度改革，制定了一系列激活宅基地财产功能的实施细则和管理办法。这种政策保障为宅基地和农房的财产功能激活提供了制度支持。

（2）创新的合作与发展模式：一是“三权分置”探索。各村在一定程度上都探索了宅基地“三权分置”的模式，即宅基地的所有权、资格权和使用权的分离与独立运作。这种制度创新确保了宅基地的所有权归集体所有，同时赋予村民更多的使用权利，使宅基地的财产功能得以更加灵活地发挥。二是多元合作模式。各村庄普遍采用了多元合作模式，包括土地流转、宅基地托管、村企合作等方式，来推动宅基地和农房的财产功能激活。例如，村民将闲置宅基地托管给村集体或企业，进行统一开发和经营，这不仅使闲置资产得以利用，也为村民带来了经济收益。

（3）宅基地及农房的盘活与利用：一是统一管理与盘活利用。所有村庄都通过统一管理或创新机制，盘活了大量闲置宅基地和农房，激活了其财产功能。这些闲置资源被重新用于发展村庄的经济项目，如民宿、农家乐、工坊、农业基地等，从而实现了资源的再利用，增加了村庄的经济收入。二是宅基地抵押贷款。多数村庄引入了宅基地抵押贷款机制，允许村民将宅基地作为抵押物获得贷款，用于发展农业、旅游或其他经济项目。这一机制增强了宅基地的流动性，使其财产功能得以发挥。

2. 不同点

（1）宅基地托管与共享模式的差异。杨家坊村推出了共享农房托管平台，这是一个创新模式，村民可以将闲置农房托管给村集体，由村集体统一运营和管理，通过与第三方合作开发民宿等项目。这一模式不仅盘活了闲置农房，还为村民带来了稳定的租金收入，强化了宅基地的财产功能。上田洲村通过村集体的集中托管模式，将闲置宅基地和农房用于发展特色农业和旅游产业。村集体统一经营这些资源，并通过与外部企业的合作，实现了资源的高效利用，同时为村民创造了分红和就业机会。井心村主要通过宅基地置换和“宅票”制度来管理和盘活闲置的宅基地。这一模式允许村民在退出多余宅基地的同时保留其资格权，并优先获得新宅基地使用权，这种灵活的退出与置换机制，使宅基地资源得以有效配置，增强了其财产功能。

（2）宅基地与农房抵押贷款的应用。易溪村在宅基地制度改革中积极推行宅基地抵押贷款机制。村民通过将宅基地抵押获得贷款，用于扩大农业生产或发展其他产业。这种方式为村民提供了重要的融资渠道，激活了宅基地的财产功能，特别是在支持现代农业和农产品加工业的发展上，效果显著。流坑村也采用了宅基地抵押贷款机制，但其主要用于发展文化旅游产业。村民将宅基地或农房抵押，获得资金用于改造房屋或发展民宿产业。这一机制帮助村民盘活了手中的不动产资源，增强了村庄的经济活力。

（3）创新模式的影响与应用。杨家坊村通过“共享农房”平台，不仅盘活了闲置资源，还探索了新的集体经济模式。村集体通过统一管理与外部企业合作，使宅基地和农房的财产功能得以充分发挥，村民获得稳定收入，集体经济也得到壮大。井心村的“宅票”制度是其独特的创新模式，通过宅基地的置换和退出机制，确保了资源的高效配置。这一模式特别适合于宅基地资源紧张的地区，通过灵活的资源管理，实现了经济效益和居住保障的双重目标。上田洲村的托管与集中经营模式，使宅基地和农房的资源利用最大化。村集体通过统一管理和招商引资，实现了资源的高效利用，村庄经济得到快速发展，村民收入显著提高。

总之，在促进经济发展中，5 个村庄都通过制度创新和活化机制，成功激活了宅基地和农房的财产功能。这些创新包括宅基地托管、共享农房平台、宅基地抵押贷款以及“三权分置”等模式，使闲置资源得以充分利用，推动了村庄经济的发展。然而，各村庄在具体操作和应用上的差异也非常明显。杨家坊村通过共享农房平台，流坑村和易溪村通过抵押贷款模式，而井心村和上田洲村则通过资源置换和集中托管模式，展现了不同的创新路径。这些模式不仅提高了宅基地和农房的经济价值，也为其他村庄提供了有价值的经验参考。

## 四、推动社会治理

在 5 个案例中，推动社会治理是宅基地制度改革的重要目标之一。以下是杨家坊村、易溪村、上田洲村、流坑村和井心村在推动社会治理方面的相同点和不同点的详细分析。

1. 相同点

（1）党建引领与基层治理：一是党建在宅基地制度改革中的核心作用。所有村庄都强调了党建在宅基地制度改革和社会治理中的重要作用。村党支部在宅基地制度改革中起到了“主心骨”作用，通过党建引领，将村民凝聚在一起，共同推进宅基地制度改革和社会治理。各村党组织在宅基地制度改革过程中都发挥了重要的指导和协调作用，确保改革的顺利进行。二是村民自治与参与。所有村庄都是通过加强村民自治来推动社会治理。村民理事会或类似的村民自治组织在宅基地制度改革中发挥了重要作用，负责与村民沟通、解决矛盾、宣传政策等。这些组织的建立和运行大大增强了村民的主人翁意识，使村民在改革中有更多的参与权和话语权。

（2）建立和谐的村庄关系：一是减少土地矛盾和纠纷。各村庄都是通过宅基地制度改革，解决了一些历史遗留的土地问题，如一户多宅、超占宅基地等问题，减少了村庄内部的矛盾和纠纷。通过规范宅基地的使用权和退出机制，村庄内的土地分配更加公平，减少了因宅基地使用而引发的冲突。二是改善村风民风。在推进宅基地制度改革的过程中，各村庄都注意到通过社会治理改善村风民风。例如，通过宣传教育、党员示范等方式，各村都逐渐消除了不合理的祖业观念，推动了文明新风的形成，村民的思想观念发生了积极变化，村庄内部的社会氛围更加和谐。

（3）多元化的治理机制。法治、德治、自治相结合。在社会治理中，各村庄都采用了法治、德治和自治相结合的多元化治理机制。村庄通过建立规范的宅基地管理制度、村规民约等方式，加强了村民的法治意识，同时借助乡贤的道德示范作用，推动村民自觉遵守村庄的规章制度，形成了良好的社会治理氛围。

2. 不同点

（1）社会治理的侧重点不同。杨家坊村特别注重“党建引领+群众主体”模式，通过党员干部带头，推动社会治理。村党支部通过建立健全村民理事会体系，带头劝说和宣传宅基地制度改革政策，提升了村民的政策认同感和参与度。在治理过程中，杨家坊村强调通过党员的示范作用来引导村民自觉遵守村规民约。流坑村的社会治理侧重于“三治”结合（法治、德治、自治），推动村民积极参与宅基地制度改革。流坑村的治理强调利用“夜会”（利用夜晚农闲时间召开村民会议）这一传统方式，促进村民之间的沟通和协商，确保宅基地制度改革政策的顺利实施。井心村则侧重于通过创新资格权“三固化”模式和“宅票”制度，确保宅基地制度改革的公平性与合法性。通过这些制度创新，井心村有效地解决了宅基地使用中的矛盾，强化了村民的权利意识和集体意识，推动了村庄的长治久安。

（2）村民参与和决策机制不同。易溪村通过广泛的村民参与和民主决策机制来推动社会治理。村里通过详细的工作台账和透明的决策流程，确保村民对宅基地制度改革过程的全面了解和参与。村民通过座谈会、村民大会等形式，积极参与宅基地制度改革决策，并在实践中逐步形成了对村集体事务的高度认同感。上田洲村通过村民自治和集体决策，推动村庄的社会治理。村庄内建立了完整的村规民约和民主决策程序，确保每一个宅基地制度改革项目都能得到村民的广泛支持和积极参与。上田洲村特别强调通过村集体的力量来管理和分配资源，推动村庄的整体发展。井心村在推动社会治理方面，注重通过宅基地制度改革中的资格权认定与退出机制来增强村民的参与感和决策权。通过宅票制度，村民的宅基地使用权得到了保障，村庄的治理更加透明和公平。

（3）治理效果与村庄整体氛围不同。杨家坊村的治理效果明显，村庄内的环境得到了极大改善，村民的生活质量显著提高。村庄通过党员干部的带头作用，推动了村民之间的互助合作，形成了良好的社会氛围，村民之间的矛盾纠纷大幅减少。上田洲村的社会治理特别注重结合经济发展来推动，村民通过参与村庄的经济项目，增强了集体认同感，村庄的整体氛围和谐有序。村规民约的实施也使村庄的管理更加规范，村民的法治意识得到了提高。流坑村的治理效果集中体现在通过文化的复兴与乡贤的带头作用，推动了村庄内部的团结与合作。通过法治、德治与自治相结合，村庄形成了良好的社会治理氛围，村民的参与意识和合作精神得到了显著增强。井心村通过严格的制度规范和村民自治，确保了村庄的稳定与发展。通过“宅票”制度和“三固化”模式，村庄的治理更加透明，村民的权利得到尊重，整体氛围更加和谐。

总之，在推动社会治理方面，5 个村庄都通过加强党建、村民自治和多元化治理机制，促进了村庄内部的和谐与稳定。各村庄在社会治理中都采取了因地制宜的措施，通过不同的侧重点和治理模式，解决了村庄内部的矛盾，增强了村民的参与意识和集体认同感。然而，各村庄在具体治理方式、村民参与与决策机制，以及治理效果上存在明显差异。杨家坊村注重党建引领与群众主体相结合，流坑村则强调法治、德治与自治相结合，易溪村和上田洲村通过民主决策和集体自治推动治理，而井心村则通过创新的资格权认定机制确保了治理的公平与透明。这些差异反映了各村庄在社会治理中的不同策略，也为其他村庄提供了宝贵的经验和参考。

## 第二节　5个案例宅基地制度改革举措比较

通过运用 NVivo 软件中的词频分析可以发现，5 个案例采取的宅基地制度改革举措大体集中在权属观念转变、利用观念转变、行使主体明确、促进“三权”实现、优化管理方式、落实居住保障、共享收益分配和合理使用收益 8 个方面。为此，下文分别从这 8 个方面分析比较 5 个试点村宅基地制度改革举措方面的相同点和不同点，为进一步探索永丰宅基地制度改革模式的特征奠定基础。

### 一、转变权属观念

1. 转变传统的祖业观

在宅基地制度改革中，转变农民的传统权属观念是推进工作的首要任务。在传统观念下，许多村民将宅基地视为家族的私有财产或祖业，认为宅基地是不可分割的个人资产。这种观念的存在，使宅基地制度改革在初期面临诸多阻力。各村庄在改革过程中，注重通过政策宣传和思想引导，逐步改变村民的固有观念。例如，上田洲村在宅基地制度改革初期，许多村民拒绝拆除废弃房屋，认为这些房屋代表了家族的历史和荣誉，无法轻易放弃。为此，村干部多次入户走访，耐心解释政策内容，强调宅基地的集体所有属性，并通过公开讨论会、村民大会等形式，动员村民参与到集体土地的管理中来。通过这种形式，村民逐渐接受了宅基地是集体资产的新观念，意识到宅基地的管理和使用需要从全村的利益出发，而不仅仅是个人或家庭的考量。井心村村党支部通过多种渠道宣传宅基地制度改革政策，特别是强调“宅基地不是祖业，而是集体资产”的理念，成功扭转了村民的固有观念。村民逐渐认识到，宅基地作为集体资源，其合理利用和管理不仅关系到个人的利益，也关系到全村的发展和繁荣。这种观念的转变为宅基地的规范管理和后续的改革措施奠定了坚实的思想基础。杨家坊村村集体采取了俗称“拆心墙”的举措，作为转变村民权属观念的重要手段。“心墙”指的是村民对祖业的情感依赖和顽固观念，象征着村民心中对宅基地私有观念的执着。在宅基地制度改革过程中，村干部通过耐心地做思想工作，推动村民主动拆除这些象征祖业的“心墙”，这不仅是物理上的拆除，也是心理上的突破。通过这一过程，村民逐渐接受了宅基地的集体所有属性，为后续的改革打下了坚实基础。

2. 集体权属意识的建立

通过思想引导和政策宣传，各村庄逐步强化了村民的集体权属意识。杨家坊村村党支部通过“五带头”举措，带领党员干部在宅基地制度改革中发挥先锋模范作用，带动村民积极参与改革。村民在集体意识的引导下，逐渐从个人和家庭利益的狭隘观念中解放出来，更加注重集体利益的实现。这种集体意识的建立，不仅有助于化解宅基地制度改革中的矛盾和冲突，也为宅基地资源的合理利用和可持续发展提供了思想保障。通过一系列集体权属观念的强化，5 个村庄的宅基地制度改革逐步步入正轨，为全村的发展和繁荣打下了坚实的基础。

## 二、转变利用观念

1. 从单一居住到多元化利用

在宅基地制度改革前，许多村庄的农民普遍存在多占多得的观念，认为宅基地占得越多越好，宅基地面积的大小象征着家庭的财富和地位。同时，宅基地的利用观念主要集中在居住用途，许多宅基地和农房被低效甚至闲置使用。这种粗放利用模式导致了资源的浪费和村庄土地资源的低效配置。在宅基地制度改革过程中，5 个村庄通过一系列措施，逐步打破了村民对宅基地的传统利用观念，推动宅基地从单一居住用途向多元化利用的转变。通过盘活闲置宅基地和农房资源，各村庄将这些资源转化为经济发展的重要动力，实现了宅基地利用效益的最大化。

2. 从多占多得到集约高效

杨家坊村在宅基地制度改革前，许多农户拥有多处宅基地和闲置农房，这些资源大多处于闲置或低效利用状态。村民普遍认为，拥有更多的宅基地意味着拥有更多的财富，因此即使一些房屋已无人居住，村民也不愿意将其腾退。针对这种情况，杨家坊村村集体通过“宅基地制度改革+共享农房”模式，引导村民将闲置宅基地和农房进行改造和重新利用。通过这一模式，村民逐渐认识到，与其粗放占有不使用宅基地，不如通过共享和合作的方式，将这些资源转化为实际的经济收益。具体来说，杨家坊村将腾退的闲置宅基地和农房统一规划，用于发展乡村旅游和民宿产业。这不仅改变了宅基地的传统居住用途，还为村集体和村民带来了可观的经济收益。通过这种多元化的利用方式，杨家坊村逐步形成了“农业+旅游”的产业结构，带动了全村经济的全面发展。宅基地制度改革之后，村民的观念发生了显著变化，他们不再追求占有更多的宅基地，而是注重如何通过集约化和高效化利用宅基地，实现更大的经济回报。

3. 从粗放利用到精准开发

流坑村在宅基地制度改革前，许多村民也存在多占多得的观念，村庄内的宅基地使用相当粗放，许多宅基地被占为个人菜地、杂物堆放场所，甚至荒废成了无人管理的空地。村集体缺乏有效的管理手段，导致资源的浪费和村庄整体环境的恶化。为改善这种局面，流坑村在宅基地制度改革中推行了精准开发策略，将闲置的宅基地资源重新整合利用。在具体操作中，流坑村委会联合村集体和个人，积极引入外来资金和技术，开发生态旅游项目。村集体在整合腾退的闲置宅基地后，按照宜居宜游的规划，将这些宅基地重新利用，改造成民宿和餐饮设施，为村民提供了新的就业机会和收入来源。例如，村里的老宅经过修缮变成了极具特色的民宿，不仅吸引了大量游客，也大幅度提高了土地的使用价值。通过这次改革，流坑村的村民逐渐摒弃了粗放利用的旧观念，转而接受精准开发的新理念，即通过科学规划和集约利用，让每一块宅基地资源都能发挥其应有的经济效益。村民的利用观念从单一的居住需求，转变为追求多元化的经济收益，不再仅仅满足于占有土地，而是更加注重通过高效利用土地资源，实现生活水平的提升。

4. 从保守持有到开放合作

井心村在宅基地制度改革前，许多村民对于宅基地的态度是保守持有，即认为宅基地是一种不可轻易外借或转让的私有财产，即使宅基地长期闲置也不愿意放弃或共享。这种观念使村内大量宅基地长期闲置，既没有被开发利用，也没有为村民带来实际的经济收益。井心村通过推广宅基地置换和“宅抵贷”模式，鼓励村民将闲置的宅基地资源盘活利用。村集体通过与外部企业合作，将腾退的宅基地用于发展现代农业和乡村旅游产业，村民则通过宅基地置换和“宅抵贷”的形式获得了额外的资金支持，用于改善生活条件或投资新产业。宅基地制度改革后，村民逐渐转变观念，从保守持有转向开放合作，认识到通过合作和合理的市场化操作，可以让宅基地资源产生更大的经济效益。通过这些改革措施，5 个村庄成功打破了宅基地的传统利用观念，推动了宅基地从粗放使用、闲置浪费向多元化、集约化、高效化利用转变。宅基地制度改革不仅提升了土地的利用效益，也带动了村庄经济的发展，使村民的生活水平得到了显著提高。

## 三、明确行使主体

在宅基地制度改革中，各村庄普遍明确了村集体作为宅基地所有权的行使主体，村民则通过村民理事会、村民大会等形式参与宅基地的管理与决策。这一机制不仅确保了集体所有权的有效行使，也保障了宅基地资源的合理管理和高效利用。各村庄根据自身情况，发展出了一套既符合政策要求，又能调动村民积极性的行使主体模式。

井心村村集体通过村民事务理事会，发挥了在宅基地制度改革中的主导作用。村民事务理事会不仅负责宅基地的管理和分配，还在政策的制定和执行过程中充分听取村民的意见。这种机制使宅基地制度改革政策的实施更加透明和公正，赢得了村民的信任。例如，在宅基地退出过程中，理事会负责组织村民大会，讨论并表决退出的具体标准和补偿方式。村民的意见被充分考虑，确保了改革措施的公平性。井心村的理事会还积极调解宅基地纠纷，解决历史遗留问题，为宅基地的合理分配和再利用提供了制度保障。

易溪村进一步强化了村集体的主导作用。村集体不仅负责宅基地的统一管理和规划，还通过"宅票"制度，将退出的宅基地纳入村集体的统一调配。这一做法有效解决了多占宅基地和闲置问题，提高了资源的利用效率。通过"宅票"制度，村民的资格权得到保留，但土地资源由村集体统一管理，避免了宅基地资源的无序流转。同时，村集体通过村民大会讨论和决定宅基地的使用方式和分配政策，确保每位村民都能参与决策，保障了村民的权益。

上田洲村的宅基地制度改革体现了村集体与村民之间的协同治理。村集体主导改革方向，村民则通过村民代表大会和理事会参与具体的决策过程。例如，在宅基地腾退和复垦过程中，村集体与村民代表多次协商，确定了合理的腾退补偿标准，并共同制定了土地复垦后的利用规划。通过这种方式，村集体有效行使了土地所有权，而村民的参与确保了改革的公开性和公正性。上田洲村通过合作建房模式，集中安置村民，从而进一步加强了村集体对土地资源的管理和调配能力。

流坑村村集体作为宅基地所有权的行使主体，充分发挥了整合村民利益的作用。村集体通过村民大会的形式，广泛征求村民意见，制定了符合全村利益的宅基地使用和分配政策。村集体负责引入外部资金，推动生态旅游项目的发展，通过将宅基地资源整合利用，增强了村集体和村民的经济收益。在这种机制下，村民不仅参与了决策，还从宅基地资源的高效利用中获得了实际利益，增强了对村集体的信任。

杨家坊村村集体创新了管理模式，通过"集体收回+集中托管"的方式，统一管理村内闲置宅基地和农房资源。村集体在与村民充分沟通的基础上，制订了具体的收回和托管方案，并通过村民代表大会进行表决和实施。这种模式有效解决了宅基地的闲置和浪费问题，也为发展乡村旅游和农业产业提供了稳定的土地资源。此外，村集体通过建立“共享农房”平台，将部分宅基地用于共享经济，进一步提升了宅基地的利用效益。杨家坊村的这种创新模式充分发挥了村集体的主导作用，同时保障了村民的参与权和收益权。

因此，通过这些多样化的实践，5 个村庄在宅基地制度改革中都展现了村集体作为宅基地所有权行使主体的重要性。村集体不仅主导了宅基地的管理和分配，还通过与村民的协同治理，确保了改革的公开、公正和高效。这种行使主体的明确和机制的完善，为宅基地的合理利用、资源的高效配置和村庄的可持续发展提供了强有力的保障。

## 四、促进“三权”实现

在宅基地制度改革过程中，5 个村庄积极探索并实践了“三权分置”模式，即落实集体所有权、保障农户资格权，并适度放活宅基地使用权。这种模式不仅有效保障了村民的居住权益，还激活了宅基地的财产功能，为村庄的经济发展注入了新的活力。

易溪村通过实施“宅票”制度，在确保农户资格权的同时赋予了宅基地更大的市场灵活性。具体来说，“宅票”相当于宅基地的使用凭证，持有“宅票”的村民拥有宅基地的使用权和一定的经济权益，但土地所有权仍归村集体所有。通过这一制度，村集体有效控制了宅基地的资源配置，避免了宅基地的无序流转。在此基础上，易溪村还允许村民将“宅票”用于抵押贷款、出租或转让。这一举措不仅保护了村民的基本居住权，还赋予了宅基地更高的市场价值。村民可以通过宅基地抵押贷款，获得发展资金，用于农业、旅游等产业的投资，从而实现了宅基地的经济效益最大化。例如，一些村民利用贷款资金建立了家庭农场或经营民宿，既改善了生活条件，也带动了村庄经济的繁荣。

流坑村村集体推行了被称为“一间房”的模式，以确保宅基地的所有权归属，并保障村民的居住资格。“一间房”模式的核心是，在严格控制宅基地面积的前提下，村民保留一间或几间主要住房的使用权，同时通过村集体的统一规划和管理，将多余的闲置房屋和宅基地资源进行盘活。通过这一模式，流坑村不仅确保了宅基地的合理利用，还通过灵活配置使用权，提升了土地资源的利用效率。此外，流坑村的“一间房”模式还有效解决了历史遗留的宅基地多占问题。通过与村民的沟通和协商，村集体说服多宅家庭腾退多余的宅基地，并通过补偿和政策优惠，激励村民将这些资源归还集体。腾退的宅基地资源经过整合后，被用于发展村庄的公共设施和产业项目，为村庄的可持续发展提供了强大动力。

上田洲村在落实“三权分置”模式时，采取了合作建房的方式，有效结合了集体所有权和农户的资格权、使用权。村集体通过统一规划，将村民的旧宅基地集中腾退，用于新农村建设，村民在新建的集中居住区内获得了新的住房，同时保留了对新宅基地的资格权和部分使用权。这种合作建房的方式不仅解决了村庄中宅基地分散、管理难度大的问题，还通过集中居住提高了土地利用效率。村集体在新村规划中引入了现代化的社区管理模式，确保村民享有更好的居住环境和公共服务。同时，腾退的旧宅基地被重新规划用于产业发展和公共设施建设，进一步增强了村庄的经济活力。

井心村村集体通过宅基地置换和“宅抵贷”模式，灵活实现了“三权分置”。宅基地置换使村民在宅基地腾退过程中仍能保留资格权，并通过宅票等形式享有宅基地资源的使用权。同时，“宅抵贷”模式为村民提供了金融支持，允许他们以宅基地使用权为抵押，获得贷款，用于改善住房或投资农业、旅游等产业。这一模式不仅保障了村民的居住权，还激活了宅基地的经济潜力。例如，许多村民通过“宅抵贷”获得资金，修建了现代化的新房，或投资发展农产品加工业，显著提高了家庭收入。此外，村集体还通过置换出的宅基地资源，发展村庄的集体产业项目，为村庄经济的可持续发展注入了新动力。

杨家坊村在宅基地制度改革中采取了“集体收回+再分配”的模式，

实现了“三权分置”的有效落实。村集体通过政策引导和经济激励，成功收回了闲置和多占的宅基地，并将这些资源进行重新规划和再分配。村民通过村集体的再分配获得了新的宅基地使用权，同时享有宅基地的资格权，而土地的所有权则继续归村集体所有。通过这一机制，杨家坊村不仅解决了宅基地的闲置和浪费问题，还通过集体统一规划，提高了土地的利用效率。例如，村集体将收回的部分宅基地用于发展乡村旅游，建成了多处具有特色的农家乐和民宿，不仅为村集体带来了收入，还为村民创造了新的就业机会和经济收益。这种创新机制充分体现了集体所有权、资格权和使用权的分置和高效利用，为村庄的长期发展提供了坚实的保障。

总之，通过对“三权分置”模式的积极探索和实践，5 个村庄在宅基地制度改革中成功实现了集体所有权、农户资格权和使用权的有效分置与协调利用。这种模式不仅保障了村民的基本居住权益，还显著提升了宅基地的经济价值和利用效率，为村庄的可持续发展注入了强大动力。各村庄通过创新制度设计和实践，灵活运用了“宅票”制度、“一间房”模式、合作建房、宅基地置换与宅抵贷等多种方式，推动了集体资源的高效配置和经济效益的最大化。

## 五、优化管理方式

管理方式的规范化是各村庄保障宅基地制度改革顺利实施的重要举措。各村庄通过建立健全的管理制度，确保宅基地资源的合理利用和有效管理，杜绝了土地资源的浪费和闲置。通过这些制度化管理，各村庄不仅提升了土地的利用效益，还为村庄的可持续发展奠定了基础。

杨家坊村在宅基地管理上采取了“集体收回+集中托管”模式，以确保闲置或超占宅基地的合理利用和有效管理。在宅基地制度改革过程中，村集体对村内闲置或超占的宅基地进行统一收回，并集中托管，防止了资源的浪费。为此，杨家坊村制定了严格的管理制度，明确了宅基地的使用、流转和退出规则。村集体设立了宅基地管理委员会，负责对收回的宅基地进行规划和再利用。通过这一机制，村集体能够有效监控宅基地的使用情况，并根据需要调整和优化资源配置。村集体还通过定期检查和村民反馈机制，确保宅基地制度得到严格执行。这种集中托管的方式，不仅提高了宅基地资源的利用效率，还为村集体创收提供了途径。托管期间，部分宅基地被用作村集体合作项目的场地，村民通过参与合作项目获得收益，进一步增强了对宅基地制度改革的支持。

上田洲村在宅基地管理上采取了更加细化的措施，确保宅基地资源得到最大程度的利用。村集体制定了详细的管理制度，对宅基地的使用、退出、流转等环节进行了全面规范。村民在宅基地的使用和流转过程中，必须严格遵守村集体的相关规定。例如，在宅基地的流转过程中，村集体要求所有交易必须通过村集体备案，并对流转用途进行审核，确保土地用于合理的经济活动。这种严格的管理方式，避免了宅基地被用于非生产性或低效益的用途。此外，上田洲村还通过定期的土地清查和评估，对村内所有宅基地的使用情况进行监督和调整。村集体根据土地使用效益，动态调整资源配置，鼓励高效利用土地资源的家庭和项目。在退出机制上，上田洲村通过合理的补偿和激励措施，鼓励村民主动退出闲置或低效利用的宅基地，并将这些资源重新用于村庄的集体项目或产业发展。

易溪村通过“宅票”制度实现了宅基地资源的集中管理和合理配置。“宅票”制度不仅是一种宅基地使用权的凭证，也是一种管理工具，村集体通过这一制度对宅基地的流转和使用进行有效控制。在“宅票”制度下，村民的宅基地资格权得以固化，但具体的宅基地使用和流转必须通过村集体的审核和批准。易溪村的村集体还制定了详细的“宅票”流转规则，规定了宅票的有效期限、流转条件和使用范围，确保宅基地资源被合理使用和有效利用。村集体通过宅票的管理，能够及时掌握村内宅基地的使用动态，并根据村庄发展需要，对“宅票”持有者进行调配和调整。例如，当村庄需要集中发展某一项目时，村集体可以通过调整“宅票”的分配，腾出必要的土地资源，用于项目建设或基础设施改造。这种管理方式确保了宅基地资源的高效配置，避免了土地闲置和资源浪费。

流坑村在宅基地管理中推行了“一间房”模式，并通过精细化的管理制度确保宅基地的合理使用。村集体制定了详细的管理规则，规定了“一间房”的具体使用方式和流转条件。在具体实践中，村集体对每一块宅基地的使用情况进行详细登记，并定期检查和评估。发现宅基地被闲置或低效利用，村集体有权要求宅基地所有者进行整改或腾退。此外，村集体还通过合同和协议的形式，明确了“一间房”模式下宅基地的使用期限和责任，确保土地资源的持续高效利用。通过这一精细化的管理方式，流坑村有效避免了宅基地的随意占用和低效利用问题，提高了土地资源的利用效率。例如，村集体鼓励村民将闲置房屋用于民宿或乡村旅游项目，并提供政策支持和技术指导。这种管理方式，不仅提升了土地的使用价值，也为村集体和村民带来了可观的经济收益。

井心村村集体不仅建立健全了的管理制度，还通过监督机制确保制度的有效执行。村集体设立了宅基地管理委员会，负责制定宅基地的使用、退出和流转规则，并监督这些规则的执行情况。同时，村集体还通过村民大会和公开听证会等形式，广泛听取村民的意见和建议，确保管理制度的透明性和公正性。井心村还创新性地引入了村民监督机制，允许村民对宅基地管理中的问题进行举报和投诉。村集体设立了专门的监督小组，负责处理和解决村民提出的问题，并及时反馈处理结果。这种双管齐下的管理方式，不仅确保了宅基地资源的合理利用，还增强了村民对村集体管理的信任和支持。

通过健全和细化的管理制度，5 个村庄在宅基地制度改革中实现了资源的合理利用和有效管理。无论是杨家坊村的“集体收回+集中托管”模式，还是易溪村的“宅票”制度，上田洲村的细化管理，流坑村的精细化管理，或井心村的监督机制，这些措施都充分体现了管理方式的规范化在推动宅基地高效利用中的重要作用。这种规范化管理不仅杜绝了土地资源的浪费，也为村庄的可持续发展提供了保障。

## 六、保障户有所居

在居住保障方面，各村庄通过多种措施，确保村民在宅基地制度改革中的基本居住权利。村民的居住权益是改革能否顺利推进的关键所在，各村庄通过合理的规划和政策设计，消除了村民的后顾之忧，为宅基地制度改革的顺利实施奠定了基础。

易溪村在宅基地制度改革中，通过实施“宅票”制度，保障了农户资格权的固化。“宅票”不仅是一种宅基地使用权的凭证，也是居住权益的保障。通过“宅票”，每个村民家庭都能保留一块宅基地的使用权，确保他们在改革后仍拥有合法的居住权利。这种做法避免了村民因宅基地流转或退出而失去居住场所的风险。此外，易溪村还通过合作建房模式，进一步保障了无资格权但有建房意愿村民的居住权利。合作建房模式鼓励多户村民联合建房，村集体提供土地和基础设施，村民共同承担建房成本。这不仅降低了单个村民的建房负担，还促进了村庄的整体规划和发展。通过这种双重保障措施，易溪村不仅确保了村民的居住权益，还有效推动了新村建设，改善了村民的居住条件和生活质量。

井心村采用了“宅票”置换和申请优先模式，确保了多宅村民在宅基地退出后的居住保障。对于那些历史遗留的多宅问题，村集体通过有偿退出的方式进行调节，村民在退出超占宅基地后，可以通过“宅票”置换保留居住资格，确保他们在新的宅基地上继续生活。此外，井心村还引入了申请优先政策，优先安排宅基地退出的村民在新村落中获得安置。这种政策尤其适用于那些在宅基地退出过程中需要重新安置的村民，通过优先安排，村民可以尽快获得新的居住场所，避免了居住不稳定带来的困扰。通过“宅票”置换和申请优先这两种模式，井心村有效解决了村民在宅基地制度改革中的居住问题，确保了改革的顺利推进，并得到了村民的广泛支持。

上田洲村采取了合作建房和集中安置相结合的方式，有效保障了村民的居住权益。在改革过程中，村集体通过政策引导和经济补偿，鼓励村民腾退旧宅基地，并在新村落内集中安置。这种做法不仅解决了分散居住带来的管理难题，还为村民提供了更好的居住条件。在合作建房模式下，村民联合出资，由村集体统一规划建设新房，确保每个家庭都能获得符合现代标准的住房。集中安置则使村民的生活更加便利，村庄的基础设施和公共服务也得以集中配置，提升了村民的生活质量。上田洲村的这种模式，成功实现了宅基地的高效利用和村民的居住保障，推动了村庄整体环境的改善和发展。

流坑村在推行“一间房”模式的同时，通过一系列政策确保村民的基本居住权利。村集体在制定“一间房”政策时，明确规定每个村民家庭至少保留一处主要居住场所，无论宅基地的腾退或流转情况如何，村民的基本居住需求都必须得到满足。在具体操作中，村集体通过政策支持和经济补偿，鼓励多宅家庭腾退多余的宅基地，并为需要安置的村民提供新居住场所或经济补助。这种保障措施，确保了“一间房”模式下的每个家庭都有稳定的居住条件，消除了村民在宅基地制度改革中的后顾之忧。同时，村集体还通过合作建房、统筹规划等方式，改善了村庄整体居住环境，提升了村民的生活质量。

杨家坊村采用了将居住保障与产业发展相结合的策略，既保障了村民的居住权利，又推动了村庄的经济发展。村集体通过“集体收回+再分配”模式，对村内闲置或低效利用的宅基地进行统一收回，并重新规划用于新村建设和产业发展。村民在新规划的居住区内获得新的住房，同时参与村集体的产业项目，实现了居住保障与经济增收的双赢。通过这种模式，村民不仅获得了更好的居住条件，还通过产业发展获得了额外的收入来源。杨家坊村的这种策略，不仅解决了村民的居住问题，还激发了村庄的经济活力，为村庄的可持续发展提供了重要保障。

通过多层次的居住保障措施，5 个村庄在宅基地制度改革中有效保障了村民的基本居住权利。无论是易溪村的“宅票”制度和合作建房模式，还是井心村的“宅票”置换与申请优先政策，上田洲村的合作建房与集中安置，流坑村的“一间房”模式，或杨家坊村的居住保障与产业发展结合，这些措施都确保了村民在宅基地制度改革中的权益，推动了村庄的整体发展。通过这些努力，各村庄成功化解了宅基地制度改革中的矛盾，确保了改革的顺利推进，并为村庄的长期发展奠定了坚实的基础。

## 七、共享宅基地制度改革收益

在宅基地制度改革中，收益分配是村民最为关注的焦点之一。如何在改革过程中实现村集体和村民的共同受益，成为了5个村庄改革的关键课题。各村庄通过探索多种收益分配模式，努力实现多方共赢的格局，确保改革的成果惠及所有村民。

上田洲村通过“村民农地流转—农业观光—农庄服务—外来游客消费—村民就业”的路径，建立了一个完整的利益联结机制。宅基地制度改革后，村民的部分农地被流转给村集体或外来投资者，用于发展农业观光和乡村旅游。村民通过参与这一产业链，不仅获得了宅基地退出的直接收益，还通过提供农庄服务、销售农产品和从事旅游相关工作，获得了持续的收入来源。这种多渠道的收益分配模式，使村民和村集体在宅基地制度改革中都得到了实实在在的好处。例如，村民可以通过农产品销售和旅游接待服务获取收入，而村集体则通过土地流转和产业发展获得长期收益。通过这种利益联结机制，村民的积极性得到了极大提升，改革的成效也因此得到了巩固。

井心村在收益分配上采取了宅基地有偿使用和“宅抵贷”等创新措施，合理分配了宅基地制度改革带来的收益。在宅基地有偿使用方面，村集体对腾退的宅基地进行集中管理和二次开发，通过出租或合作经营的方式，将土地资源重新配置，产生经济效益。村民则根据宅基地的使用情况获得相应的租金或分红，这部分收益直接用于改善村民的生活质量。井心村还推出了“宅抵贷”模式，允许村民将宅基地使用权作为抵押，向银行或村集体贷款，获取发展资金。这种模式为村民提供了新的经济来源，帮助他们实现了经济增收。例如，一些村民利用抵押贷款资金修建了新房，或投入农业和小型商业项目中，显著提高了家庭收入。村集体则通过这部分收益，进一步投入公共设施建设和村庄产业发展中，推动了村庄的整体发展。这种双赢的收益分配机制，不仅增强了村民的参与感和获得感，还确保了宅基地资源的合理配置和高效利用。井心村的做法证明，宅基地制度改革不仅可以带来直接的经济收益，还可以通过合理的分配机制，实现村集体和村民的共同发展。

易溪村宅基地制度改革的收益分配主要通过“宅票”制度来实现。“宅票”作为宅基地使用权的凭证，不仅保障了村民的居住权，还使村民能够分享宅基地制度改革带来的经济收益。村集体对腾退和流转的宅基地资源进行统一管理，并通过出租、合作经营等方式产生经济效益。村民根据持有的“宅票”数量和宅基地的使用情况，获得相应的租金或分红。此外，易溪村还通过合作建房模式，让无资格权的村民获得房屋使用权，并在房屋出租或合作经营中获得收益。这种模式下，村民不仅保留了宅基地的使用权，还通过共享村集体的经济发展成果，获得了持续的经济收益。通过“宅票”制度，易溪村实现了宅基地资源的合理配置和收益共享，村民和村集体在改革中实现了共赢格局。这种收益分配机制，不仅提高了村民的参与积极性，还推动了村庄的经济发展，确保了改革的长期稳定。

流坑村通过资源整合和利益共享，实现了村民和村集体的共同受益。村集体将腾退的宅基地资源整合后，发展生态旅游和乡村民宿项目。这些项目由村集体统一管理，村民可以通过参与旅游服务、农家乐经营和民宿管理，获得直接的经济收益。在这一模式下，村民不仅从土地资源的腾退中获得了一次性补偿，还通过长期参与旅游项目，获得了持续的收入来源。例如，一些村民将自家老宅基地制度改革造成特色民宿，吸引游客入住，获得了稳定的收入。村集体则通过旅游项目的收益，投入村庄的基础设施建设和公共服务提升中，实现了资源的高效利用和全村的共同发展。流坑村的这种利益共享模式，增强了村民对宅基地制度改革的支持，也为村庄的可持续发展提供了强大动力。村民在分享经济发展红利的同时，也积极参与村庄的建设和管理，形成了良性循环。

杨家坊村通过“集体收回+再分配”的模式，不仅规范了宅基地管理，还实现了收益的合理分配。村集体对收回的闲置和多占宅基地进行统一规划和管理，并将这些资源用于发展乡村旅游和特色农业项目。村民通过参与这些项目，获得了经济收益。例如，杨家坊村的村民可以通过承包农田、经营民宿或参与集体项目，分享村集体的发展成果。村集体则将这些收益的一部分用于改善村庄的公共设施，如修建道路、改善排水系统等，提高了村民的生活质量。通过这种再分配机制，杨家坊村成功实现了村集体与村民的双赢局面。

总之，在宅基地制度改革中，5 个村庄通过多样化的收益分配模式，实现了村集体与村民的共同受益。无论是上田洲村的产业链延伸和利益联结机制，还是井心村的“宅抵贷”与有偿使用，易溪村的“宅票”制度，流坑村的资源整合与利益共享，或是杨家坊村的集体收回与再分配，这些模式都充分体现了“共赢”的改革理念。通过这些收益分配机制，村民在改革中获得了实实在在的收益，村集体则实现了资源的高效管理和持续发展，为宅基地制度改革的成功提供了有力保障。

## 八、合理使用收益

在宅基地制度改革中，各村庄通过合理使用改革产生的收益，推动了村庄的基础设施建设和产业发展，实现了经济与社会的全面进步。通过这些收益的再投资，村民的生活条件得到了显著改善，村庄的整体面貌焕然一新，形成了可持续发展的良性循环。

杨家坊村利用盘活闲置宅基地所获收益，重点发展了乡村旅游和特色农业。这些产业带来的经济收益被广泛用于村庄环境的改善和公共设施的建设。村集体通过合理分配这些收益，新建了村民活动中心、公共广场和生态园区，大大地提升了村民的生活质量和村庄的整体形象。例如，村集体利用部分收益，修缮了村内道路，改善了交通条件，方便了村民的日常出行和农产品的运输。此外，杨家坊村还通过这些收益，建设了环保设施，如垃圾处理站和污水处理系统，提升了村庄的生态环境质量。这种收益使用方式不仅增强了村民的幸福感，也为村庄的长远发展奠定了坚实基础，推动了整个村庄向更加宜居和生态友好的方向发展。

流坑村将宅基地制度改革产生的收益，主要用于村庄的基础设施建设。村集体通过整合腾退的宅基地资源，合理规划并投入资金，新建了公共活动广场，修建了村内道路，完善了排水系统等。这些基础设施的完善，不仅改善了村民的生活条件，也为村庄的发展提供了更加便利的条件。例如，流坑村通过宅基地收益修建了文化礼堂，为村民提供了一个集体活动和文化交流的场所；还新建了卫生室，提高了村民的医疗卫生条件。这些设施的建设极大地提升了村庄的公共服务水平，村民的生活质量也随之提高。这种合理利用收益的做法，显著提升了村庄的整体发展水平，为村民带来了更多的福祉。

易溪村通过“宅票”制度的实施，将宅基地制度改革的收益用于多个方面，形成了收益的综合利用与长效机制。村集体不仅将收益用于基础设施建设，还将部分资金投入教育和文化事业中，进一步提高了村民的整体素质和村庄的文化氛围。例如，易溪村利用部分收益，为村内学校购置了教学设备，并资助了贫困学生的教育费用。此外，村集体还通过这些收益，建立了村庄发展基金，用于支持村内的创新项目和新兴产业发展。这种多层次的收益使用方式，确保了村庄的可持续发展，增强了村民对未来发展的信心。

上田洲村在宅基地制度改革中获得的收益，主要被再投资于村庄的产业发展和公共服务提升。村集体通过对收益的科学管理和合理分配，不仅推动了本地农业观光和乡村旅游产业的发展，还改善了村庄的公共服务设施。具体而言，村集体将部分收益用于建设现代化的农业观光园区，吸引了大量游客，进一步提高了村庄的经济效益。同时，村集体还利用这些收益，建设了村民健身场所和社区服务中心，提升了村民的生活质量和幸福感。上田洲村的这种收益再投资模式，不仅实现了经济的良性循环，也增强了村民的获得感和改革的内生动力。

井心村将宅基地制度改革中的收益，主要用于村庄的公共设施建设和长期发展项目。村集体通过收益的合理分配，新建了村内的排水系统和供水设施，极大地改善了村民的生活环境。此外，村集体还通过这些收益，资助了村庄的绿色环保项目，如植树造林和生态保护工程，提升了村庄的生态环境质量。井心村还特别注重将收益用于村庄的长远发展。村集体通过设立发展基金，将部分收益用于支持村内的小型企业和合作社，鼓励村民创业和创新。这种收益的多元化使用方式不仅改善了村民的生活条件，还增强了村庄的经济活力，为未来的发展奠定了坚实的基础。

总之，5 个村庄通过合理使用宅基地制度改革产生的收益，推动了村庄的基础设施建设和产业发展，显著改善了村民的生活条件。这些收益的合理利用，不仅提升了村庄的整体发展水平，也为村民带来了更多的福祉。通过这些收益使用的创新和探索，杨家坊村、易溪村、上田洲村、流坑村和井心村为其他地区的宅基地制度改革提供了宝贵的经验和借鉴，推动了乡村振兴战略的实施，确保了村庄的可持续发展和社会治理的有效性。

## 第三节　5个案例运行机制比较

### 一、状态（S）的异同

在分析杨家坊村、易溪村、上田洲村、流坑村和井心村这 5 个案例时，村情与宅基地底数是理解每个村庄宅基地制度改革背景的重要切入点，即此物品特性及由其所决定的（宅基地占用方面的）相互依赖性。下面从相同点和不同点两个方面对 5 个村庄的宅基地物品特性进行比较分析。

1. 相同点

（1）基本信息的掌握与调查。5 个村庄都进行了详细的宅基地调查，通过第三次全国国土调查和农村集体土地确权登记，掌握了各村的宅基地规模、布局、权属及利用情况。如杨家坊村通过土地调查明确了全村 86 宗宅基地的占地面积和房屋数量；易溪村通过第三次国土调查全面摸清了 527 栋房屋的宅基地情况。

（2）一户多宅现象普遍存在。在宅基地制度改革启动前，这 5 个村庄都存在一户多宅的现象。例如，杨家坊村在改革前共有 11 户存在一户多宅的情况，易溪村有 77 户存在同样的问题，而井心村也存在 3 户一户多宅的情况。这种情况在很大程度上是由于历史遗留问题和村民对宅基地的传统观念所致。

（3）宅基地面积超标。这些村庄普遍存在宅基地面积超标的问题。例如，上田洲村在宅基地制度改革前有 56 户村民因生活或生产需求超面积占用宅基地，井心村早期宅基地管理不严，导致超面积占用普遍。这种现象反映了早期农村宅基地管理的不足和村民对土地利用的高需求。

（4）闲置宅基地的存在。5 个村庄在宅基地制度改革前均存在宅基地闲置的问题。随着城市化进程加快，许多村民外出务工或定居，导致村内出现大量闲置的宅基地和农房。流坑村的宅基地闲置情况尤为明显，许多老宅已无人居住或处于破败状态。这种情况不仅浪费了土地资源，也增加了宅基地制度改革的难度。

2. 不同点

（1）村庄规模与人口。5 个村庄的规模和人口差异显著。例如，井心村仅有 30 户共 90 人，是一个规模较小的村庄，而易溪村有 426 户共 1874 人，是一个较大规模的村庄。这种规模差异导致在宅基地管理和改革中，每个村庄面临的挑战和采取的措施有所不同。

（2）土地资源与利用情况。各村的耕地、林地和宅基地资源情况不同，导致土地利用方式和压力有所差异。井心村的耕地面积为 292 亩，林地面积为 1277 亩，而杨家坊村拥有 305 亩耕地和 408 亩林地。上田洲村则拥有 452 亩耕地和 800 亩林地，并利用这些土地发展了特色水果和蔬菜种植。不同的土地资源状况使每个村庄在宅基地利用和改革中有不同的侧重点。

（3）产业发展与土地利用。不同村庄的产业发展状况也影响了宅基地的使用和管理。例如，井心村通过发展稻虾共作基地、草莓基地、脐橙基地等农旅结合的产业，有效利用了闲置宅基地。而杨家坊村通过发展农家乐和民宿产业，利用闲置宅基地促进了村庄经济发展。这种因地制宜的发展策略反映了各村庄在土地资源利用上的差异。

（4）宅基地问题的严重性。各村庄面临的宅基地问题严重程度不同。例如，易溪村的宅基地问题较为严重，不仅存在大量一户多宅和面积超标现象，还面临农民产权观念的严重扭曲。相比之下，井心村虽然也存在类似问题，但由于村庄规模较小，宅基地问题的影响相对较轻。这种问题严重程度的差异影响了各村庄在宅基地制度改革中的难度和策略选择。

综上所述，这5个村庄在宅基地物品特性及其相互依赖性（状态Situation）方面既有许多相似之处，也表现出明显的差异。相似之处主要集中在宅基地问题的普遍性上，而不同之处则体现了各村庄在土地资源、产业发展和改革重点上的差异。鉴于它们之间的异大于同，本书将这5个案例视为不同的案例。

## 二、情景式行动（A）的异同

在推进农村宅基地制度改革的过程中，杨家坊村、易溪村、上田洲村、流坑村和井心村这5个村庄采取了多种重要举措，以确保宅基地制度改革的顺利进行。这些举措不仅体现了地方政府和村集体在宅基地管理方面的创新性和灵活性，也反映了各村在面对不同的历史背景和资源条件时所采取的不同策略。下面从相同点和不同点两个方面，对5个村庄在推进宅基地制度改革过程中的重要举措进行比较分析。

1. 相同点

（1）党建引领与村民自治的结合。5个村庄在推进宅基地制度改革时都将党建引领与村民自治相结合，通过村党支部和村委会的积极参与，发挥党员的先锋模范作用，带动全体村民积极参与宅基地制度改革。例如，杨家坊村在宅基地制度改革过程中，党支部发挥了核心引领作用，通过“五带头”措施，激发党员在宅基地制度改革中的带头作用，从而确保了政策宣传和执行到位。井心村则通过村民事务理事会的组建，增强了村民的参与感和主人翁意识，使宅基地制度改革工作得以顺利推进。

（2）广泛宣传动员，提高村民参与度。在宅基地制度改革过程中，5个村庄均采取了广泛的宣传动员措施，以提高村民对宅基地制度改革政策的理解和接受度。例如，上田洲村通过层层宣传、入户讲解和张贴标语等方式，逐步转变村民对宅基地的传统观念，推动了宅基地制度改革工作的顺利实施。流坑村利用会议动员、媒体报道等多种形式，向村民宣传一户一宅的政策，增强了村民的法律意识，减少了宅基地制度改革中的阻力。

（3）规范宅基地管理与退出机制。5个村庄在宅基地制度改革过程中都注重建立和规范宅基地管理与退出机制，以确保宅基地资源的合理利用。例如，井心村推行了资格权“三固化”模式，并制定了分类退出机制，保障了宅基地制度改革政策的公平性和合理性。杨家坊村则创新“集体收回+集中托管”模式，规范了宅基地的退出与再利用。这些机制的建立为宅基地制度改革的顺利推进提供了制度保障。

（4）盘活闲置资源，推动经济发展。5个村庄在宅基地制度改革过程中都通过盘活闲置宅基地和农房资源，促进村庄经济的发展。例如，杨家坊村推出了“盘活利用”模式，通过共享农房等形式，将闲置资源转化为经济发展动力，推动乡村旅游业的发展。易溪村则通过宅基地置换和以地养老等模式，优化了宅基地资源配置，提升了村民的收入水平。各村通过盘活资源实现了经济的可持续发展，增强了村庄的经济活力。

2. 不同点

（1）宅基地制度改革策略的重点和模式不同。不同村庄在宅基地制度改革过程中，根据实际情况采取了不同的策略和模式。杨家坊村的宅基地制度改革重点在于拆旧改新和规范管理，通过集中拆除违规建筑和闲置房屋，改善了村庄的整体面貌，并创新“集体收回+集中托管”模式盘活宅基地资源。易溪村则更加注重宅基地退出和再利用的创新，通过土地置换、合作建房和“宅票”管理等模式，确保了宅基地的合理利用和村民的居住权益。井心村则推行了“三固化”模式，强化了资格权认定和宅基地管理的规范性，确保宅基地制度改革工作的稳步推进。

（2）宅基地退出机制的灵活性不同。5 个村庄在宅基地退出机制上表现出不同的灵活性。上田洲村强调有偿与无偿退出相结合，村干部带头退出超占宅基地，并探索出多种有偿退出形式，如货币补偿、宅基地置换和入股分红，激发了村民的参与热情。易溪村通过“宅票”制度，允许村民在退出闲置宅基地后保留资格权，保障了村民的权益，同时优化了土地资源的利用。井心村则根据历史遗留问题的复杂性，采取了分类退出的方式，针对不同情况采取不同的处理措施，确保宅基地制度改革的顺利推进。

（3）产业发展与宅基地制度改革结合的深度不同。在产业发展与宅基地制度改革结合的深度上，各村庄有所不同。杨家坊村的宅基地制度改革与乡村产业发展紧密结合，通过盘活利用模式，推动了乡村旅游、现代农业等多产业的发展，为村民创造了更多的就业机会。井心村通过宅基地制度改革，盘活闲置宅基地和农房资源，发展特色农业和农家乐，显著提升了村庄的经济活力。流坑村则更加注重宅基地制度改革与环境整治的结合，通过拆除违建、优化村庄布局，改善了村容村貌，提升了村民的生活质量。这些差异反映了各村庄在宅基地制度改革过程中根据自身资源和发展需求采取的不同发展路径。

（4）推动宅基地制度改革的主要动力来源不同。5 个村庄在推动宅基地制度改革时的动力来源各不相同。杨家坊村和井心村主要依靠村党支部和村委会的引领，强调党建与村民自治的结合，通过强化村民参与和监督，推动宅基地制度改革顺利进行。易溪村则在此基础上，进一步创新了宅基地管理和退出机制，强调村集体的主导作用，通过“宅票”制度和合作建房等模式，确保村民利益与宅基地制度改革目标的“双赢”。流坑村在法治保障的基础上，以村庄整体规划为导向，推动宅基地制度改革与新农村建设的有机结合，确保宅基地制度改革与村庄发展的协调推进。

综上所述，杨家坊村、易溪村、上田洲村、流坑村和井心村在宅基地制度改革中均采取了有效的举措，这些举措包括党建引领、广泛宣传、规范管理、盘活资源等，共同推动了宅基地制度改革工作的顺利实施。同时，各村庄根据自身的实际情况，在宅基地制度改革策略、退出机制、产业发展和动力来源等方面展现了显著的差异。这些差异反映了各村庄在宅基地制度改革中灵活应对具体问题的能力，也为其他村庄的宅基地制度改革提供了宝贵的经验和借鉴。

## 三、宅基地制度改革绩效（P）的异同

通过对杨家坊村、易溪村、上田洲村、流坑村和井心村的宅基地制度改革案例进行深入分析，可以发现各村庄在宅基地制度改革过程中取得了显著的成效。这些成效不仅体现在环境改善、村民生活质量提升、经济发展和村庄治理等方面，还在宅基地管理规范化和村民权益保障方面取得了重大进展。以下从成效的相同点和不同点两个方面，对 5 个村庄的宅基地制度改革成效进行比较分析。

1. 相同点

（1）环境改善与基础设施提升。5 个村庄在宅基地制度改革过程中都取得了显著的环境改善成效，村庄面貌焕然一新，基础设施得到了大幅提升。例如，杨家坊村通过拆旧拆废和改建新建举措，拆除了违章建筑和闲置房屋，改建了村民活动中心、停车场、游园等设施，显著改善了村庄环境和基础设施条件。易溪村通过整村推进宅基地制度改革，优化了村庄的布局和基础设施，修建了排水系统、道路等设施，使村庄更加整洁宜居。井心村也通过宅基地制度改革整治，拆除危旧房屋，修建了游客中心、停车场、公厕等设施，极大地提升了村庄的基础设施水平和居住环境。

（2）宅基地管理的规范化。在宅基地制度改革过程中，5 个村庄均实现了宅基地管理的规范化，有效落实了一户一宅政策，遏制了宅基地乱占滥用现象。例如，杨家坊村通过建立“集体收回+集中托管”模式，规范了宅基地的管理和利用，杜绝了宅基地的闲置和浪费。易溪村通过“宅票”制度，将退出的宅基地纳入村集体统一管理，确保了宅基地的有序利用和保障了村民的权益。上田洲村则通过严格的资格权认定程序，确保每

户村民的居住权益，实现了宅基地管理的制度化和规范化。

（3）村民权益保障与经济发展。5个村庄在宅基地制度改革中都注重保障村民的居住权益和经济利益，并通过盘活闲置宅基地和农房资源，促进村庄经济的振兴。例如，杨家坊村通过有偿退出和托管机制，为村民提供了多种宅基地退出选择，保障了村民的合法权益，并利用闲置资源发展乡村旅游和民宿产业，增加了村民收入。易溪村通过宅基地抵押贷款，帮助村民获得了发展产业的资金支持，推动了村庄经济的发展。井心村则通过发展特色农业和旅游产业，成功带动了村庄经济的振兴，增加了村集体收入和村民收入。

（4）村庄治理与乡风文明建设。宅基地制度改革不仅改善了村庄环境和经济发展，还促进了村庄治理水平的提升和乡风文明的建设。5个村庄通过宅基地制度改革，逐步建立了规范的村庄治理机制，并通过村民自治、党员带头和乡贤示范等措施，增强了村民的参与意识和主人翁精神。例如，流坑村通过加强乡风文明建设和乡贤带头作用，推动宅基地制度改革工作顺利实施，村民自觉遵守一户一宅政策，促进了村庄治理的和谐与稳定。井心村通过村民会议广泛听取村民意见，增强了村民的主人翁意识和对政策的认同感，实现了村民自治与宅基地制度改革工作的有机结合。

2. 不同点

（1）成效的侧重点不同。各村庄在宅基地制度改革中取得的成效侧重点有所不同。杨家坊村的宅基地制度改革成效主要体现在环境改善和村庄治理上，通过大规模拆除和改造，使村庄面貌焕然一新，村民生活质量显著提升。易溪村则更加注重村民权益的保障和经济发展的平衡，通过“宅票”制度和宅基地抵押贷款政策，既保障了村民的居住权益，又推动了村庄的经济发展。上田洲村的宅基地制度改革成效主要体现在宅基地管理的制度化和规范化上，通过落实“三权分置”，确保了宅基地的合理配置和有效利用。

（2）成效的实现路径不同。各村庄在实现宅基地制度改革成效的路径上有所不同。杨家坊村通过拆旧拆废和改建新建模式，集中拆除了各类闲置房屋和违规建筑，并通过改建和新建，极大地改善了村庄的整体面貌。易溪村则通过土地置换、合作建房和“宅票”制度，推动了宅基地的合理退出与再利用，改善了村民的居住条件和生活环境。井心村通过盘活闲置宅基地和农房资源，发展特色农业和旅游业，提升了村庄的经济活力和村民收入。

（3）成效的广泛性与持续性不同。不同村庄在宅基地制度改革成效的广泛性与持续性上也有所差异。杨家坊村的宅基地制度改革成效主要集中在村庄环境改善和村民生活质量提升方面，效果显著，但在经济发展上仍有提升空间。易溪村在宅基地制度改革过程中注重经济发展与村民权益保障的结合，成效具有较强的广泛性和持续性。上田洲村的宅基地制度改革成效在宅基地管理制度的规范化和村庄经济发展的结合上表现突出，通过“三权分置”的落实，确保了宅基地资源的长期合理利用和村庄经济的持续增长。

（4）成效的创新性不同。在创新性方面，各村庄的宅基地制度改革成效也有所不同。易溪村在宅基地制度改革过程中引入了“宅票”制度，创新性地解决了村民宅基地退出后的权益保障问题，这一措施在资源紧张的村庄中具有很好的借鉴意义。上田洲村则通过探索“三权分置”的有效实现形式，加强了集体所有权的行使，落实了农户资格权，并适度放活宅基地使用权，这一创新为其他村庄提供了有效的宅基地制度改革路径。井心村在宅基地制度改革过程中通过盘活闲置宅基地和发展多产业融合，推动了村庄经济的整体发展，这种创新模式为乡村振兴提供了有力支持。

综上所述，通过对 5 个村庄在宅基地制度改革中取得成效的比较分析，可以看出，杨家坊村、易溪村、上田洲村、流坑村和井心村在宅基地制度改革中均取得了显著的成果，这些成果不仅体现在环境改善、宅基地管理规范化、村民权益保障和村庄经济振兴等多个方面，还体现了各村庄根据自身实际情况和资源条件所展现的灵活性和创新性。各村庄在宅基地制度改革过程中根据自身实际情况灵活制定策略，创新改革举措，最终取得了各具特色的宅基地制度改革成效。这些成功的案例为其他村庄的宅基地制度改革提供了宝贵的经验和参考，也为推动乡村振兴和农村现代化奠定了坚实的基础。

## 第四节　基于案例比较的理论拓展

业内周知，案例研究方法适合于对现实中某一复杂和具体的问题进行深入和全面的考察①；其最为特殊的贡献在于其深度而非广度，在对案例进行详细描述和系统分析的基础上揭示现象之后隐藏的深层原因②，并发展出具有说服力的理论③。案例研究法擅长研究社会现象中“为什么”和“怎么样”的问题，主张通过长时间实地观察与访谈来收集三角证据，并应用分析性解释逻辑来建构新理论④⑤。鉴于此，本书通过多案例比较方法，根据上述案例共有机制，对第二章构建的 SSEAP 框架作进一步的拓展。

### 一、SSEAP 框架难以完全解释 5 个案例机制

1. 能够解释的部分

（1）结构落实与行使主体。SSEAP 框架能够有效解释 5 个案例中中央法律和政策在村级层面的落实。各村庄依据宪法和相关法律政策，强化村集体组织的职能，作为宅基地所有权的行使主体。通过村民理事会、村民大会等

---

① 孙海法，朱莹楚．案例研究法的理论与应用［J］．科学管理研究，2004（2）：116-120.

② 汪婷．案例研究法的研究与发展综述——基于中国知网（CNKI）的核心期刊文献［J］．武汉理工大学学报（社会科学版），2014（3）：439-444.

③ 张丽华，姜惠，何威．案例研究的说服力［J］．管理世界，2008（6）：156-160.

④ 罗伯特·K. 殷．案例研究：设计与方法（第五版）［J］．周海涛，史少杰译．重庆：重庆大学出版社，2017：72.

⑤ 潘善琳，崔丽丽．SPS 案例研究方法——流程、建模与范例［M］．北京：北京大学出版社，2016（8）：19.

形式，村集体在管理和决策中发挥核心作用，确保中央政策在地方的制度嵌入与具体实施。嵌入性分析揭示了村集体如何通过这些社会机制将中央法律政策转化为具体的管理制度，从而实现资源的合理配置与有效管理。

（2）制度嵌入与“三权”实现。SSEAP 框架中的结构（S）及其嵌入（E）部分解释了中央政策和法律在县级及村庄层面的嵌入式运行过程。案例分析表明，各村庄通过创新手段，如易溪村的“宅票”制度和流坑村的“一间房”模式，成功落实了“集体所有权、农户资格权、宅基地使用权”的“三权分置”，保障了村民的居住权益。这些实践不仅展现了制度结构在地方社会经济条件下的具体适应性，也体现了中央政策如何通过制度嵌入在村级层面实现有效落地与执行。

（3）规则创新与管理优化。SSEAP 框架中的 A 代表情景式行动，强调规则创新和运用在制度变迁中的重要性。在 5 个案例中，各村庄通过制定和调整规则，如集体收回、集中托管、宅票制度等，创新了管理机制，有效推动了宅基地的规范管理与高效利用。这些规则的创新和灵活运用使各村庄能够因地制宜，适应不同的社会经济条件和地方需求。通过这种规则创新，SSEAP 框架帮助分析管理机制与制度结构的互动，从而确保宅基地制度改革的顺利推进，并促进村庄的可持续发展。

（4）收益分配与绩效落实。SSEAP 框架的绩效部分着重分析制度改革如何改变财富和机会在不同主体之间的分配。在 5 个案例中，各村庄通过多样化的收益分配机制，确保了宅基地制度改革的经济效益和社会效益得到有效落实。这些机制符合 SSEAP 框架对制度变迁绩效的关注，能够具体解释改革后的经济收益如何在村集体和村民之间进行合理分配与利用，从而提升村庄整体经济水平和社会福利。

2. 不能解释的地方

（1）权属观念的竞争与转变。SSEAP 框架在解释权属观念转变时，难以全面捕捉观念竞争的动态过程。5 个村庄的权属观念转变是通过复杂的社会互动和利益博弈实现的，涉及深层次的文化、历史和心理因素。SSEAP 框架对观念竞争的关注不足，难以解释这些观念如何通过竞争被制度化为规则，并影响改革的成效。

（2）利用观念的多样性与地方创新。SSEAP 框架可以解释宅基地利用方式的转变及其带来的绩效效果，但在解释这些转变背后的利用观念及其深层次的文化背景时显得力不从心。框架更侧重于制度的结构和操作层面，而忽略了观念如何在不同地方的文化和社会经济条件下形成和演变。地方创新实践，如乡村旅游和合作建房，反映了这些深层次的观念转变，而这些内容在 SSEAP 框架中未得到充分体现。

（3）历史遗留问题的复杂性与制度变革的长期反复性。SSEAP 框架主要关注制度的现状、结构、行动、嵌入和绩效，通常基于现行制度运行和即期效果进行分析，假设制度变迁是一个从旧制度到新制度的强制性过程。然而，历史遗留问题的复杂性往往使这一过程充满反复和长期性。这些问题可能跨越数代人，深刻影响当前和未来的制度运行。村庄在处理多占宅基地或闲置资源时，必须应对既定的习惯法和村民的传统观念。历史惯性与新制度的冲突导致观念冲突和利益博弈，反映了历史遗留问题在制度变革中的长期影响和反复调整过程。

总之，SSEAP 框架在解释 5 个案例的制度结构和具体操作上表现出较强的适应性，能够有效分析中央法律和政策在村级层面的嵌入及其具体实施。框架通过对制度现状、结构、行动、嵌入和绩效的关注，成功揭示了宅基地制度改革中的管理与分配机制。然而，SSEAP 框架在处理更为复杂的观念竞争、历史遗留问题以及制度变迁的长期反复性方面存在不足。这些因素往往超越了单纯的制度结构分析，涉及深层次的文化背景、地方性创新以及制度惯性的长期影响。为更全面地解释和应对这些挑战，需进一步拓展 SSEAP 框架，纳入更为动态、多维的分析工具，以捕捉观念转变和历史遗留问题对制度变迁的深远影响，从而提升对制度变迁过程的全面理解。

## 二、基于 5 个案例机制的理论模型拓展

### 1. 概念和理论依据的拓展

为进一步拓展本书第二章构建的理论框架，我们需要回到基本逻辑，

重新审视制度和制度变迁的内涵和定义。前文基于制度经济学的主流观点，将制度定义为由人类设定的、用以塑造互动行为的约束或规则，这些规则包括正式规则（如宪法、法律和政策）和非正式规则（如习俗、禁忌等）[①][②]。同时，制度变迁被视为规则的调整、替换或创新过程，并区分为强制性制度变迁和诱致性制度变迁两种类型[③]。然而，这样的定义忽略了观念竞争及其他相关问题。

在中国传统哲学中，任何事物都可以从“体、相、用”三个层面进行分析和认识[④]。“体”指的是事物的本质或构成材料；“相”是事物的外在表现形式；而“用”则是指事物的功能或作用。借助这一框架，可以重新定义制度和制度变迁。制度可以被视为“体”（观念及其固化[⑤]）、“相”（规则体系）和“用”（行为约束和权益分配）的统一体。制度变迁，从“相”的角度看，是新规则替代旧规则的过程；从“用”的角度看，是对现有权利和利益格局的调整与再分配；从“体”的角度看，是新观念替代旧观念的过程。

虽然人类具有推动社会进步的能动性，但仍然受制于资源稀缺和有限理性；而且，随着经济社会的发展，中国农民的职业和经济身份不断分化。在这三个基本约束条件下，中国共产党在推进宅基地制度改革时面临一个核心难题，即知识的不完备。这意味着即使是信息相对优势的执政党和政府，也难以完全预知所推出的制度安排能否真正改善社会福利。此外，随着农民分化程度的加深，利益诉求愈加多样，政府也更难准确把握广大农民的利益诉求和发展理念。

知识不完备的制约可能导致两种不良后果：一是利益协调困难。新的

---

① ［美］诺思．制度、制度变迁与经济绩效［M］．上海：上海三联书店，1994：3.

② ［德］柯武刚，史漫飞．制度经济学［M］．北京：商务印书馆，2000：116.

③ 林毅夫．关于制度变迁的经济学理论：诱致性变迁与强制性变迁［A］．参见 R．科斯等著．财产权利与制度变迁——产权学派与新制度学派译文集［C］．上海：上海三联书店，上海人民出版社，2005：371-403.

④ 吴新平．论宪法发展［J］．中国宪法年刊，2006（1）：131-139.

⑤ 唐世平．制度变迁的广义理论［M］．北京：北京大学出版社，2016（3）：13.

制度安排在实施过程中实质上是对现有利益格局的重新分配，必然会产生赢家和输家；赢家支持改革，而输家则可能反对，从而加剧利益协调的难度。二是共识难以达成。不同的行为体基于各自的利益立场，可能对同一制度有不同的理解和反应，尤其在农民分化加剧的背景下，达成共识变得更加困难。

如此理解制度和制度变迁，可以极大地拓展和深化现有认识：首先，在体的层面，制度变革的深层逻辑是观念竞争；其次，在相的层面，表层逻辑是新规则的创建与推行，以及政策受众的顺从或反对（规制回应）；最后，在用的层面，终极逻辑是利益博弈。因此，可以将观念竞争、规制回应和利益博弈纳入一个统一的互动框架中，全面描述制度变革和长期制度变迁的内在机制。

2. 理论框架的拓展

根据上述分析结果，可以构建一个包含“观念竞争—规制回应—利益博弈”的通用制度变革逻辑框架（见图 6-1）。

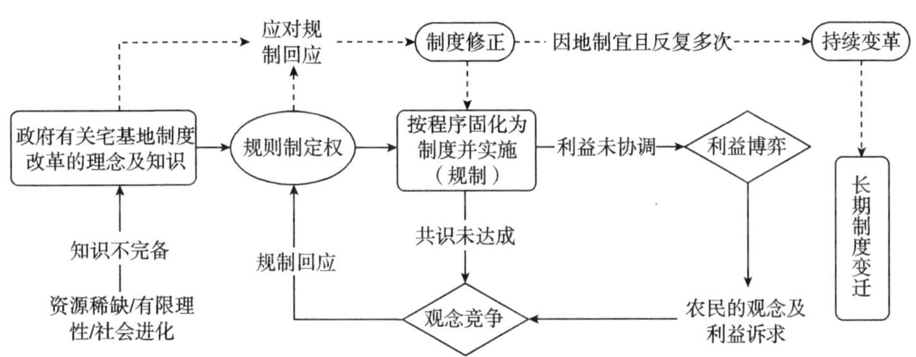


**图 6-1　通用制度变革逻辑框架**

如图 6-1 所示，拓展图 2-5SSEAP 框架的关键点如下：一是在知识不完备的状态下，政府关于宅基地制度试点改革的主要理念是什么？农民的观念及其利益诉求又是什么？二是在一次性强制性制度变迁（规制）后，哪些利益没有得到有效协调？是否达成了全面共识？三是如果没有当地政府为应对农民的规制回应，如何因地制宜地修正一次性制度创新，进而推动长期制度变迁？据此，对图 2-5 予以拓展，得到一个拓展模型，如图 6-2 所示。

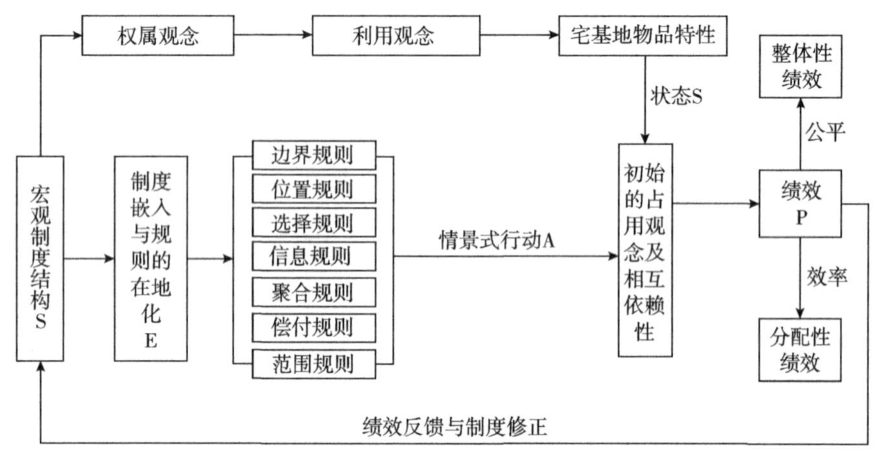


**图 6-2　新一轮宅基地制度改革运行机制模型**

如图 6-2 所示，要动态刻画新一轮宅基地制度改革的运行机制，可以从 SSEAP 框架的 5 个方面进行分析：状态（Situation）、结构及其嵌入（Structure and Embededness）、情景式行动（Actions）、绩效（Performance）、绩效反馈与制度修正（Feedback and Revision）。以下是具体的分析过程：

（1）状态。在复合性宅基地制度改革的背景下，状态主要指宅基地的现有条件及其相关的社会、经济和自然属性。例如，在某个农村地区，宅基地可能面临一户多宅、宅基地面积超标、宅基地闲置等问题。这些现状反映了现有制度下资源的分配与利用情况，以及村民对宅基地的既有观念（如宅基地是祖业）。这一阶段的状态是宅基地制度改革启动的基础，它决定了制度变革的必要性和方向。

（2）结构及其嵌入。结构包括宏观制度结构和微观规则。宏观制度结构是指宅基地管理的基本观念体系和法律框架，如权属观念和利用观念。微观规则则包括具体的执行规则，如边界规则、位置规则、选择规则等。这些规则通常嵌入在特定的社会文化和经济背景中，影响制度变革的难易程度。例如，在传统观念根深蒂固的地区，推动“宅基地不是祖业，而是集体资产”的观念转变可能需要做更多的教育和宣传工作。

（3）情景式行动。在特定的结构和状态下，村民、政府和其他利益相关者的情景式行动是制度变迁的关键。例如，政府可能通过发放“宅票”来鼓励村民退出多余的宅基地，或者通过合作建房来解决一户多宅的问题。村民的反应可能包括接受、抗拒或中立，取决于他们对新制度的理解和利益考量。在这一过程中，村民理事会、党员干部等地方性力量的引导作用至关重要。

（4）绩效。绩效评估包括整体性绩效和分配性绩效。在复合性宅基地制度改革中，整体性绩效可能体现在村庄环境的改善、土地利用效率的提升以及村民生活质量的提高上。而分配性绩效则关注宅基地制度改革是否公平合理地分配了利益，如有偿退出是否得到了合理补偿，新的宅基地分配是否满足了最需要帮助的村民需求。这一阶段的绩效直接影响改革的持久性和村民的满意度。

（5）绩效反馈与制度修正。据前述绩效评估的结果，绩效反馈与制度修正是确保宅基地制度改革不断优化的关键环节。政府和村民理事会可能会根据改革过程中暴露的问题，调整政策，如修改“宅票”政策的实施细则，或者引入更多的激励措施来促进宅基地的有效利用。这一阶段的反馈机制确保了制度变迁的灵活性和适应性，使其能够应对实际情况的变化，持续推动村庄可持续发展。

总之，通过上述 5 个步骤，复合性宅基地制度改革的运行机制被动态刻画为一个不断反馈、调整和优化的过程。这种机制不仅考虑到制度结构和观念的变化，还注重不同利益相关者在具体情境下的互动行为及其带来的实际效果。通过持续的反馈与修正，复合性宅基地制度改革能够在满足村民需求的同时，推动农村地区的可持续发展和乡村振兴。

## 本章小结

本章在第二章理论框架的基础上，通过对杨家坊村、易溪村、上田洲村、流坑村和井心村5个村庄的宅基地制度改革案例进行系统的比较分析，揭示了永丰县宅基地制度改革模式的目标、举措及运行机制。这种分析不仅有助于理解各村庄在宅基地制度改革中的具体策略和成效，还为更广泛的农村宅基地制度改革提供了重要的参考和启示。

第一节通过对5个案例的深入分析，揭示了各村庄在落实居住保障、改善人居环境、促进经济发展和推动社会治理4个方面的相同点与不同点。研究发现，各村庄在宅基地制度改革中普遍实现了居住权的保障、环境的改善以及经济的振兴，同时因地制宜地创新了社会治理模式。虽然这些村庄在具体操作和侧重点上有所差异，但均通过党建引领、村民自治和多元化的治理机制，成功推动了村庄的可持续发展，为其他地区提供了宝贵的经验借鉴。

第二节从权属观念、利用观念、行使主体、三权实现、管理方式、居住保障、收益分配和收益使用8个维度对5案例进行了比较分析，发现各村庄在宅基地制度改革中展现出的灵活性和创新性。例如，杨家坊村通过“集体收回+集中托管”的方式规范了宅基地管理，而易溪村则通过“宅票”制度保障了村民的居住权益，推动了土地资源的合理配置。这些举措不仅反映了地方政府和村集体在宅基地管理中的高度适应性，也展示了农村宅基地制度改革在不同情境下的多样化路径。

第三节采用了SSEAP框架中的5个步骤，对各村庄案例的运行机制进行了分析。研究发现，尽管各村庄的具体措施有所不同，但它们在运行机制上展现出一定的共性。特别是在结构维度上，各村庄通过强化村集体职能，确保了宅基地制度改革政策的有效落实；在情景式行动维度上，各村庄根据实际情况创新了管理和退出机制，推动了宅基地的规范管理与高效利用。尽管5个村庄的改革成效各有侧重，但总体来看，宅基地制度改革为农村经济社会的发展提供了强有力的推动力，显著提升了村民的生活质量和村庄的整体形象。然而，各村庄在成效侧重点、实现路径、广泛性和持续性以及创新性方面的差异性，进一步揭示了不同背景下宅基地制度改革的多样性和复杂性。

第四节基于对5个案例的比较分析，还对SSEAP框架进行了理论上的拓展。虽然SSEAP框架在解释宅基地制度改革中的制度结构和操作层面表现出较强的适应性，但在处理更为复杂的观念竞争、历史遗留问题以及制度变迁的长期反复性方面，仍然存在一定的局限性。因此，建议在SSEAP框架中纳入更为复杂的文化背景、地方性创新以及制度惯性的长期影响，以便更全面地理解和分析宅基地制度改革中的深层次机制和长期效应。

综上所述，第六章通过对5个村庄宅基地制度改革的系统比较分析，揭示了各村庄在宅基地制度改革中的具体目标、策略和运行机制上的异同，为理解永丰县宅基地制度改革模式及其特征提供了依据。同时，通过对SSEAP框架的拓展，进一步深化了对宅基地制度改革的理解，并为未来的农村土地制度研究提供了新的理论视角和方法。

# 第七章 结论与政策含义

前文在本书分析框架（SSEAP）的指引下，综合运用了多种研究方法，深入探讨了全国一般性宅基地制度改革模式、县级制度体系的构建、典型村庄的宅基地制度改革案例故事，以及永丰宅基地制度改革模式的目标、举措及运行机制，各项既定研究任务均已圆满完成，接下来将进行研究总结，提炼关键理论成果并提出相应的政策建议。

## 第一节 研究结论

由前文可知：第三章探索了全国范围内一般性的宅基地制度改革模式，这些模式大多为单层结构，为后续的永丰案例分析奠定了基础。第四章聚焦于县级层面的宅基地制度结构的嵌入，分析了地方政府如何在国家政策的框架下实施宅基地制度改革，揭示了县级制度结构对宅基地制度改革的影响及其作用机制。第五章详细描述了 5 个村庄的宅基地制度改革案例，通过案例分析，揭示了村级宅基地制度改革在不同社会、经济和文化背景下的运行机制和成效。第六章对前述村庄案例进行了比较与理论拓展，判别了宅基地制度改革模式特征（目标—举措）并提炼其共性机制。

下面对各主要章节内容进行归纳，提炼出子结论：

## 一、子结论一

在第一轮宅基地制度改革中，各地结合自身实际，探索出五大类宅基地制度改革模式：退出整治、统筹发展、盘活利用、移民搬迁和集中安居。这些模式在实践中展现出了不同的特征，但除统筹发展模式外，其余模式主要集中在单一目标的实现上，属于单层模式。

首先，退出整治模式旨在通过退出闲置或废弃宅基地，进行土地整治和复垦，从而提升土地资源的利用效率。这一模式在一些人口流失严重、闲置宅基地较多的地区得到了广泛应用。通过集中整治，可以释放出大量土地资源，用于农业生产或其他用途。然而，该模式主要集中在土地复垦这一单一目标上，忽视了宅基地的综合利用和村庄整体发展的需求。

其次，统筹发展模式是五大模式中唯一具备复合目标的模式。该模式强调通过统筹宅基地、集体建设用地和农业用地的规划和管理，实现农村资源的综合利用和整体发展。统筹发展模式注重多目标的协同推进，包括提升土地利用效率、改善村庄环境、促进农业和农村经济发展等。因此，这一模式较其他模式而言更具综合性和长远性，也为新一轮宅基地制度改革探索更加复合性的目标模式提供了实践经验。

再次，盘活利用模式则侧重于通过市场机制激活闲置宅基地和农房的经济潜力。这一模式的核心在于通过出租、合作开发等方式，将闲置宅基地资源转化为经济收益，从而增加农民的财产性收入。然而，盘活利用模式在实践中面临诸多挑战，如市场机制的不完善、农户参与意愿不足等问题，使这一模式在某些地区的推行效果并不显著。

又次，移民搬迁模式主要适用于地质灾害频发或生态环境脆弱的地区，通过移民搬迁的方式将农户集中安置到安全区域。这一模式在改善居住环境、提升农民生活质量方面具有明显成效，但同样属于单层目标模式，未能充分考虑搬迁后的社会经济融合和可持续发展问题。

最后，集中安居模式则是通过对村庄宅基地进行集中规划和统一建设，改善农村居住条件和基础设施。这一模式在一些经济较发达的地区得到了较好实施，体现了对居住条件改善的高度关注。然而，由于其单层目标模式的特性，该模式在实践中容易忽视对农民生产生活方式的多样化需求。

综上所述，第一轮宅基地制度改革过程中各试点地区虽然创新了多种宅基地制度改革模式，但除统筹发展模式外，其他模式均为单层目标模式。这些单层模式虽然在特定条件下具有一定的效果，但在应对复杂多样的农村现实问题时，存在较大的局限性。这一现象为新一轮宅基地制度改革探索更加复合性的目标模式奠定了基础。

## 二、子结论二

永丰县在落实中央“五探索、两完善、两健全”改革任务的过程中，通过建立和完善宅基地集体所有权行使机制、创新宅基地资格权认定方式、改进宅基地使用权流转机制，逐步形成了适应本地实际的县级制度体系。在这一过程中，制度嵌入理论提供了关键的分析视角，揭示了这些制度如何在地方社会结构中扎根并产生影响。

首先，永丰县在中央政策的基础上通过县级政府的制度创新，将集体所有权行使机制与地方实际相结合，确保了制度的有效性和执行力。永丰县并未简单地复制中央政策，而是在实际操作中对其进行了本土化改造，使其更符合地方的资源禀赋和社会结构。这种本土化的制度安排，通过与地方现有的社会关系、权力结构和文化习俗相结合，成功嵌入了地方社会，得到了基层干部和村民的广泛支持。

其次，在宅基地资格权的认定上，永丰县探索了更加灵活和务实的方式，考虑了村民的多样化需求和历史遗留问题。通过与村级组织的紧密协作，县级政府能够在尊重地方实际的前提下，推动资格权认定标准的公平与透明。这样做不仅增强了改革的合法性，还通过制度嵌入的方式，将政策的执行与地方的社会文化习俗和治理结构融为一体，使改革得以顺利推进。

最后，永丰县在宅基地使用权的流转机制上进行了创新，探索了符合地方经济发展需求的流转方式，并通过一系列激励机制和监管措施确保了这一制度在地方的有效实施。通过建立完善的流转制度和利益分配机制，永丰县将这些改革措施成功嵌入地方的经济网络中，确保了政策的可持续性和地方利益的最大化。

总之，永丰县通过制度嵌入的路径，不仅在地方社会中成功推行了宅基地制度改革政策，还通过制度与地方实际的紧密结合，形成了具有地方适应性和可持续性的县级宅基地制度改革制度体系。这一过程表明，制度创新的有效性在很大程度上取决于其能否在地方社会结构中成功嵌入，并产生预期的制度效应。这一经验为其他地区的宅基地制度改革提供了宝贵的借鉴。

## 三、子结论三

永丰县的5个典型村庄在宅基地制度改革过程中，不再限于单一的目标，而是通过整合居住保障、环境改善、经济发展和社会治理等多重目标，逐步形成了更为综合的复合性模式。这一模式超越了第一轮宅基地制度改革中探索的退出整治、盘活利用、集中安置等单一策略，在实践中展现出更强的适应性和独特性。通过多目标的有机结合，这些复合性模式为村庄的整体发展奠定了坚实的基础，显著推动了地方经济的振兴、环境的改善和社区的和谐。

在永丰县的宅基地制度改革实践中，5个典型村庄均采取了多元宅基地制度改革目标，包括落实居住保障、改善人居环境、促进经济发展和推动社会治理；与之相对应，5个村庄分别采取了多种改革创新措施，包括转变权属和利用观念、促进“三权”实现、优化管理方式、共享改革成果，等等；由此探索出了一系列具有地方特色的复合性改革模式。这些模式不仅仅关注单一目标的实现，而是通过多目标协同推进，涵盖了居住保障、环境改善、经济发展和社会治理等多方面的内容，确保村庄获得整体发展。

例如，井心村的宅基地制度改革以生态环境改善和旅游业发展为主要目标，通过盘活闲置宅基地资源，引入外部投资，推动乡村旅游业的发展。这一模式不仅改善了村庄的环境，还为村民提供了新的就业机会和收入来源，促进了村庄经济的可持续发展。杨家坊村则侧重于通过宅基地整治和资源优化配置，实现村庄整体的居住环境改善和经济效益提升。村集体通过收回闲置和低效利用的宅基地，重新规划和分配土地资源，发展现代农业和乡村旅游项目。这一模式在提高土地利用效率的同时，提升了村民的生活质量，增强了村庄的凝聚力和经济活力。易溪村的宅基地制度改革模式以“宅票”制度为核心，通过规范宅基地使用权和流转机制，保障村民的居住权益和宅基地收益。该村通过宅基地置换和土地整理，将宅基地资源转化为经济效益，同时推动村庄环境的整治和基础设施的改善，形成了经济与环境双赢的局面。上田洲村在宅基地制度改革中，实施了集中安置和新农村建设相结合的模式。通过腾退旧宅基地，集中安置村民，村集体对土地进行统一规划和再利用，发展乡村旅游和特色农业项目。这一模式不仅解决了居住问题，还通过产业发展促进了村民收入的增加，提升了村庄的整体经济水平。流坑村的改革模式则是以土地资源的精准开发为主导，注重宅基地的高效利用和村庄环境的保护。通过对闲置宅基地的整合和开发，村集体引入生态旅游项目，优化村庄的空间布局和资源配置，推动了村庄的绿色发展。

通过对这 5 个村庄的案例分析，可以看出，永丰县的宅基地制度改革模式已经从单一目标的探索，逐步向多重目标协同推进的复合性模式转变。这些村庄在实践中展现出各自的独特性和适应性，通过多目标的有机结合，为村庄的整体发展做出了重要贡献。这一复合性模式，不仅是对第一轮宅基地制度改革中单一目标模式的深化与超越，也为未来的宅基地制度改革提供了新的路径和思路。

## 四、子结论四

永丰县的复合式宅基地制度改革模式涵盖了从权属观念转变到收益分

配和使用等 8 个关键性目标举措。其成功的关键在于这些宅基地制度改革举措（包括外部规则和情景式行动）充分适应了当地的资源禀赋和社会人文条件（状态），从而有效推动了改革的实现（绩效）。这一模式不仅符合中国传统哲学“体、相、用”三位一体的制度变革的宏观逻辑，也契合了学界通用的 SSP 框架和 IAD 框架中所揭示的制度变革的中层逻辑，为宅基地制度的持续优化提供了坚实的理论和实践基础。

在永丰县的宅基地制度改革中，复合式宅基地制度改革模式的成功实施离不开对当地资源禀赋和社会人文条件的深刻理解与灵活应用。永丰县在改革过程中从转变权属观念到收益分配和使用等多个方面采取了一系列关键性举措。这些举措不仅严格遵循了中央政策的要求，还充分结合了地方实际情况，形成了独具地方特色的改革模式。

首先，永丰县通过转变权属观念，有效调动了村民参与宅基地制度改革的积极性。改革初期，县政府着力引导村民认识到宅基地不仅仅是个人的祖业财产，而是集体资源的一部分。通过宣传和教育，村民逐渐接受了“集体所有、个人使用”的宅基地权属结构，这为后续改革措施的顺利推进奠定了基础。

其次，永丰县根据不同村庄的资源禀赋和社会条件，制定了多种形式的改革路径。例如，对于资源相对丰富的村庄，优先考虑盘活闲置宅基地，发展经济和旅游产业；而对于资源有限但人口集中的村庄，则采取了集中安置和统一规划的策略。这种因地制宜的做法使改革更具针对性和有效性。

再次，在收益分配和使用方面，永丰县通过建立合理的分配机制，确保了宅基地制度改革收益能够惠及全体村民。村集体对闲置宅基地进行统一管理和再开发，产生的收益按比例分配给参与宅基地制度改革的村民，并用于改善公共设施和服务。这不仅提高了村民的生活质量，还增强了他们对宅基地制度改革的支持和信任。

最后，永丰县的整个宅基地制度改革过程充分体现了 SSP（状态—结构—绩效）和 IAD（制度分析与发展）框架中强调的外部规则与情景式行动和状态相适应的原则。永丰县的宅基地制度改革措施在设计时注重与当地的实际状态相匹配，确保外部引入的制度规则能够与地方社会的结构和文化习惯有机结合。这种契合性使外部规则在地方层面的嵌入更加顺畅，并最终在实践中表现为有效的制度变革，推动了宅基地制度改革多重目标的实现。

总之，通过这些多维度、多层次的改革举措，永丰县的复合式宅基地制度改革模式不仅在经济、社会和环境等方面取得了显著成效，还为其他地区提供了可供借鉴的改革经验。这种模式的成功实施，证明了制度变革在地方层面有效嵌入的重要性，同时也验证了中国传统哲学认识论和现代制度变革理论在解释和指导农村改革中的巨大潜力。

## 第二节　核心观点与政策含义

### 一、核心观点

综上可知，永丰县在总结和学习第一轮试点经验的基础上创新性地采取了多重目标导向的复合式宅基地制度改革模式。该模式通过在单个村庄内整合多个单层目标，推动“宅基地制度改革+”的综合性目标和举措，形成了更加整体化和灵活的改革路径。其推进路径主要包括以下三个方面：一是将中央宏观制度结构与地方实际紧密结合，构建起适应地方需求的县级制度体系；二是在村庄层面，制定适宜的改革目标和策略，确保改革措施与当地的资源禀赋高度契合；三是将改革举措覆盖从权属观念的转变、“三权分置”的实现到宅基地制度改革收益的分配与使用等多个关键领域。该复合式宅基地制度改革模式不仅在效率与公平等方面取得了显著成效，还展现出良好的适应性与推广价值，为其他地区的宅基地制度改革实践提供了宝贵的参考和借鉴。

## 二、政策含义

该核心观点具体呈现在图 6-2 中，它们共同展现出新一轮宅基地制度改革运行机制及实现路径，其政策含义具体体现在下列四个方面：

1. 优化中央制度的地方嵌入

政策的有效实施依赖于中央制度在地方层面的嵌入式执行。不同地方的资源禀赋、社会结构、文化习惯、土地资源、人口结构、经济水平和文化传统等方面存在显著差异，政策制定者应认识到这一现实，并提供足够的灵活性，使地方政府能够根据实际情况进行制度的细化和本地化实施。通过这种方式，可以确保改革措施高度契合地方实际，增强制度的适应性和执行力。

2. 推广“宅基地制度改革+”多目标模式

永丰县的实践表明，“宅基地制度改革+”的多目标模式在应对复杂现实挑战时具有显著的适应性和长远性。其他地区可以借鉴这一模式，将经济发展、环境治理、社会治理等多重目标有机结合起来，推动综合性改革。通过这种多目标导向的模式，改革不仅能够满足多方面的需求，还能够在应对复杂情况时展现出更强的灵活性和效果。

3. 采取综合性的宅基地制度改革举措

永丰县的复合式宅基地制度改革模式在以下八个方面取得了显著成效：权属观念转变、利用观念转变、明确所有权行使主体、优化监督体制和方法、落实居住保障、共享收益分配和合理化收益使用等。这些综合性举措突破了传统的单一目标模式，推动了宅基地制度改革措施的多维发展，为其他地区提供了宝贵的经验和参考。

4. 建立反馈与持续改进机制

改革是一项长期且动态的系统工程。政策制定者应建立科学的绩效评估和反馈机制，实时监测改革的进展，并根据实际情况不断优化和修正制度。这种反馈机制有助于及时发现和纠正改革中的问题，确保改革措施沿着正确的方向推进，并不断提升改革的质量和成效。

总之，通过以上几个方面的政策含义可以看出，永丰县的宅基地制度改革经验不仅为当地的发展提供了有效的解决方案，也为全国其他地区的宅基地制度改革提供了重要的借鉴。政策制定者应充分吸收这些经验，结合各地实际情况，设计和实施更为有效和适应性强的改革政策。

## 第三节　研究展望

本书围绕中国农村宅基地制度改革进行了深入的理论探讨与案例研究，虽然取得了一定的成果，但在研究过程中也面临着一些局限性，这为未来的研究提供了方向与思考空间。

### 一、数据与样本的扩展

本书研究数据主要来自江西永丰试点县，反映了中部地区的宅基地制度改革模式，但这一样本无法全面代表东部地区和西部地区的情况。未来的研究可以考虑在更广泛的地区进行案例收集，特别是覆盖不同经济发展水平、自然资源禀赋和社会文化背景的地区。通过扩大案例选择范围，可以更深入地理解宅基地制度改革在不同区域的实施效果及其对策，从而验证本书结论的普适性，并进一步完善和丰富相关理论模型。

### 二、方法的改进与创新

本书主要采用质性研究方法，通过深度访谈、实地观察和制度文本分析揭示宅基地制度改革的模式及其运行机制，对改革绩效的量化评价相对不足。未来的研究可以考虑引入量化分析或混合研究方法，将定性与定量分析相结合，以提供更为客观和全面的证据支持。例如，通过大规模问卷调查和统计分析，系统性地评估改革措施的效果，并识别出影响改革成功与否的关键变量，从而增强研究的科学性和严谨性。

## 三、理论框架的深化与拓展

本书基于制度嵌入理论，结合 SSP（状态—结构—绩效）和 IAD（制度分析与发展）框架，构建了宅基地制度改革的 SSEAP 分析模型，并发展了一个更具综合性的运行机制模型（见图 6-2）。尽管这一模型有效解释了永丰县的宅基地制度改革实践，但面对更复杂的社会现象时可能仍存在局限性。未来的研究可以尝试结合社会学、经济学和政治学等其他学科的理论，进一步拓展和深化现有的分析框架。这不仅有助于解释不同社会经济背景下的宅基地制度改革实践，还可以为跨学科研究提供新的理论和方法支持。

## 四、政策实践与可操作性

本书的研究着重于理论探索与经验总结，但在实际政策操作中的应用还需要进一步检验。未来的研究可以着眼于政策实施的具体操作问题，如在不同地方条件下如何有效嵌入中央政策，如何应对地方执行中的障碍和挑战。进一步探索政策的可操作性，有助于为决策者提供更加务实和具体的建议，从而提高政策的执行效率和效果。

## 五、长期效应与可持续性

本书对宅基地制度改革的研究主要集中在短期效果上，而宅基地制度改革的长期效应及其可持续性尚未得到充分探讨。未来的研究可以关注宅基地制度改革的长期影响，包括对农村社会结构、经济发展、环境保护以及农民生活方式的深远影响。通过跟踪研究和长期数据的积累，可以更好地评估宅基地制度改革的持续效应，并为政策的持续改进提供科学依据。

## 六、跨国比较研究

宅基地制度改革不仅是中国农村发展的重要议题，也是全球土地改革中的一个关键问题。未来的研究可以尝试开展跨国比较研究，通过比较不同国家和地区的土地改革经验，深入分析中国宅基地制度改革的特殊性与普遍性。这样的比较研究能够为全球土地制度改革提供新的视角，进一步丰富和发展相关的理论框架，为中国及其他国家的政策制定者提供有益的参考。

总之，本书的研究为中国农村宅基地制度改革提供了重要的理论依据和实证支持，但仍有许多问题需要进一步探索。通过扩展研究的地域范围，改进研究方法，深化理论框架，关注改革的动态性与长期性，以及探索政策的适应性与推广性，未来的研究将为宅基地制度改革提供更为全面的理解和支持，也将为全球土地改革实践提供重要的借鉴。